AF130707

Werken mit dem
Taschenmesser

Felix Immler

Werken mit dem Taschenmesser

26 Schnitzanleitungen vom Klangstab bis zum Segelboot

atVERLAG

VICTORINOX

Dieses Buch entstand in Zusammenarbeit
mit Victorinox AG, Ibach-Schwyz (CH).

Wichtiger Hinweis

Es liegt in der Natur der Sache, dass das Werken mit Klinge, Säge und
anderen Taschenmesserwerkzeugen gewisse Gefahren mit sich bringt.
Der Autor dieses Buches hat sich nach bestem Wissen und Gewissen
bemüht, möglichst sichere Techniken vorzustellen und den Leser bzw. die
Leserin auf allfällige Gefahren hinzuweisen. Autor, Verlag sowie die Firma
Victorinox können nicht garantieren, dass die vorgestellten Techniken
von jedermann sicher auszuführen sind; sie übernehmen keinerlei Verantwortung für Schäden oder Verletzungen und lehnen jegliche Haftungs-
ansprüche ab, die in direktem oder indirektem Zusammenhang mit dem
Inhalt dieses Buches erhoben werden.

Beachten Sie bei Aktivitäten in der freien Natur die jeweiligen Bestim-
mungen des Natur-, Pflanzen- und Tierschutzes sowie der geltenden
Waffengesetzgebung.

Besuchen Sie die offizielle Internetseite von Felix Immler. Hier finden
Sie zusätzliche Unterlagen, Informationen und Hilfsmittel zum
Werken mit dem Taschenmesser.

 www.feliximmler.ch

Auf dem YouTube-Kanal Felix Immler finden Sie spannende Taschenmesser-
projekte, Tutorials zur Messerpflege sowie Tipps und Tricks im Umgang
mit dem Taschenmesser.

▶ YouTube www.youtube.com/feliximmler

9. Auflage, 2019

© 2012
AT Verlag, Aarau und München
Lektorat: Asta Machat, München
Fotos: Sebastian Schweizer, Daniel Ammann
Bildaufbereitung: Vogt-Schild Druck, Derendingen
Druck und Bindearbeiten: Printer Trento, Trento
Printed in Italy

ISBN 978-3-03800-665-7

www.at-verlag.ch

Inhalt

Vorwort

Kennen Sie das beklemmende Gefühl, dass Sie nicht wissen, ob Sie hin- oder wegschauen sollen, wenn ein Kind unbeholfen mit einem Taschenmesser hantiert? Sie kneifen die Augen zusammen, wenden den Blick ab, unentschlossen, ob und wie Sie eingreifen sollen, damit nichts passiert. Einerseits soll das Kind eigene Erfahrungen sammeln und durch Fehler lernen, andererseits ist es unsere Aufgabe, es vor Unfällen zu schützen.

Dieses Werkbuch ist ein Anleitungsbuch und ein Ratgeber, der Eltern, Pädagogen, Lehrer und andere Betreuungspersonen befähigen soll, den Kindern beim Umgang mit dem Taschenmesser einen sinnvollen und sicheren Rahmen zu geben. Gleichzeitig bietet es viele Ideen für kreative Arbeiten mit dem Taschenmesser und ist auch interessant für Personen mit guten Vorkenntnissen, die eigene Projektideen verwirklichen und ihre Kompetenzen im Umgang mit dem Taschenmesser erweitern möchten.
Schnitzen und Werken mit dem Taschenmesser ist ein kreatives Hobby, das fast überall ausgeführt werden kann. Es macht Spaß und lockt Alt und Jung in die Natur. Ein Stück Holz, ein gut geschliffenes Taschenmesser, etwas Fantasie, und schon kann's losgehen. Das Rohmaterial finden Sie kostenlos in Gärten, Hecken, Parks, Wäldern und an Ufern von Gewässern.

In meiner Arbeit als Sozial- und Naturpädagoge bin ich oft mit Kindern im Wald. Da ich keinen Ratgeber und keinen Kurs für den sicheren Umgang mit dem Taschenmesser finden konnte, beschloss ich, selber aktiv zu werden. In der Überzeugung, dass davon auch andere Kinder und Erwachsene profitieren können, habe ich mein Wissen und die Erfahrungen von befreundeten Outdoor-Spezialisten in diesem Werkbuch zusammengetragen. Auf der offiziellen Internetseite zu diesem Buch www.taschenmessebuch.ch finden Sie weitere Informationen und ergänzende Materialien wie den Taschenmesser-Song, einen Comic, der die Taschenmesserregeln erklärt, Arbeitsblätter und das Taschenmesser-Diplom. Auf den dazugehörigen Youtube- und Facebook-Kanälen sehen Sie zahlreiche Videos zur Herstellung und Anwendung der Schnitzobjekte.

Zur Kontrolle, ob die Kinder in der Lage sind, das erlernte Wissen in der Praxis anzuwenden, enthält dieses Buch eine »Taschenmesserprüfung« (siehe Seite 173). Dabei stellen die Kinder unter Aufsicht einer fachkundigen Person mit den gebräuchlichsten Taschenmesserwerkzeugen ein Objekt her. Beurteilt werden dabei nicht die handwerklichen Fähigkeiten, sondern das Einhalten der Sicherheitsregeln und die korrekte Anwendung der Techniken. Wer diese Prüfung erfolgreich bestanden hat, kennt die Grundlagen im Umgang mit dem Taschenmesser und kann nun seiner Kreativität freien Lauf lassen!

Die Techniken und Projekte, die in diesem Buch vorgestellt werden, sind in drei Schwierigkeitsgrade unterteilt und jeweils mit einem entsprechenden Symbol gekennzeichnet:

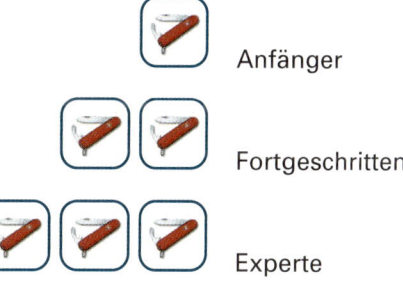

Anfänger

Fortgeschritten

Experte

Faszination Taschenmesser

Taschenmesser üben auf Kinder eine große Anziehungskraft aus. Mir selbst ging es als Kind genauso, und die Begeisterung hat bis heute nicht nachgelassen. Das Messer ist seit Tausenden von Jahren das wichtigste Werkzeug, um einem Stück Holz eine Funktion zu verleihen. Schneidewerkzeuge aus Stein und Knochen waren dem Menschen schon in der Steinzeit nützlich: bei der Zubereitung von Nahrung, bei der Herstellung von Waffen und Geräten für die Jagd und für allerlei andere Dinge des täglichen Lebens. Wenn es darum geht, in der Natur zu überleben, ist ein Messer unverzichtbar. Darüber hinaus ist es gerade in der heutigen Zeit wichtig, den Kindern neben all den vorgefertigten Konsumgütern die Möglichkeit zu geben, mit eigenen Händen Gegenstände zu erschaffen, die sie sich entweder selbst ausgedacht haben, oder auch einfach einen Alltagsgegenstand nachzuschnitzen und sich so am Entstehungsprozess und am fertigen Produkt zu erfreuen.

Wenn man Kinder beim Arbeiten mit einem Taschenmesser beaufsichtigt, ist es sinnvoll, einige Sicherheitsregeln zu vereinbaren und einen Schnitzplatz festzulegen, an dem gearbeitet wird. Die betreuende Person sollte korrigierend eingreifen, wenn Werkzeuge in ungeeigneter oder gefährlicher Weise eingesetzt werden. Doch in der Praxis ist es besonders im Wald schwierig, alle Tätigkeiten der Kinder gleichzeitig im Auge zu behalten.

Trotz der Angst vor Verletzungen ist es wichtig, dass die Kinder Erfahrungen im Umgang mit Messern und anderen Werkzeugen sammeln können. Das Arbeiten mit dem Taschenmesser fördert wichtige Kompetenzen, die der Entwicklung des Kindes zugutekommen (dazu im folgenden Kapitel mehr). Voraussetzung dafür ist aber, dass das Kind die Grundregeln im Umgang mit dem Taschenmesser kennt und befolgt. Dennoch bleibt bei aller Regelung und Routine immer ein gewisses Restrisiko bestehen. Wer mit dem Messer arbeitet, schneidet sich irgendwann, das lässt sich kaum vermeiden. Genauso wie jedes Kind, das Fahrrad fahren lernt, einmal stürzt. Deshalb gehört ein kleines Erste-Hilfe-Set als Standardausrüstung in jeden Rucksack und sollte immer in Griffnähe sein.

Warum Schnitzen die Entwicklung fördert

Kinder lassen sich leicht für Schnitzarbeiten begeistern. Das Interesse der Kinder am Schnitzen zu wecken ist durchaus sinnvoll, denn der Gebrauch eines Taschenmessers fördert und schult wichtige Kompetenzen: Konzentrationsfähigkeit und Ausdauer, Feinmotorik und Koordination, die muskuläre Entwicklung der Hände, die Wahrnehmung für die Beschaffenheit des Werkstoffes, Formgefühl, Kreativität und Fantasie, das Selbstbewusstsein, etwas schaffen zu können, was schön und nützlich ist, die Sicherheit im Umgang mit gefährlichen Gegenständen und die Verantwortung für das eigene Handeln. In meiner langjährigen Tätigkeit als Sozial- und Naturpädagoge durfte ich schon miterleben, wie Kinder, die im Alltag keine fünfzehn Minuten konzentriert an den Hausaufgaben arbeiten können, plötzlich über mehrere Stunden mit höchster Aufmerksamkeit und Ausdauer an ihrem Pfeil und Bogen oder einem anderen Projekt schnitzen. Frische Waldluft, ein Taschenmesser und eine gute Schnitzidee können Wunder bewirken.

Mein erstes Taschenmesser

In welchem Alter soll ein Kind sein erstes Messer bekommen? Skandinavische Familien kennen heute noch den Brauch, ihren Kindern zur Einschulung ein erstes eigenes Messer zu schenken. Nicht als Spielzeug, sondern als ernst zu nehmendes, nützliches Werkzeug.

Im Allgemeinen sind Kinder ab fünf Jahren je nach Geschick und Konzentrationsfähigkeit in der Lage, verantwortungsvoll mit einem Messer umzugehen. Entscheidend sind eine gute Einführung und die Motivation des Kindes. Wenn es von sich aus schnitzen möchte, ist es auch bereit, den korrekten Umgang mit diesem Werkzeug zu erlernen. Gerade bei kleineren, unerfahrenen Kindern ist die Aufsicht durch eine erwachsene Person jedoch dringend zu empfehlen. Genießen Sie diese anregende Zeit mit dem Kind in der Natur und stellen Sie gemeinsam ein tolles Objekt her.

»My First Victorinox« (siehe Bild unten) ist ein Taschenmesser speziell für die kleinen Einsteiger. Durch die abgerundete Klingenspitze ist die Gefahr von Stichverletzungen gering. Aber Vorsicht: Der Hauptbereich der Schneide ist genauso scharf wie bei allen anderen Victorinox-Messern! So sind diese Taschenmesser durchaus zum Schnitzen von Holz geeignet. Der Druck der Feder ist darauf ausgelegt, dass die Kinder ihr Werkzeug aus eigener Kraft öffnen und wieder einklappen können. Die Kombiklinge dient als Kapselheber, Dosenöffner, Schraubenzieher und zum Biegen von Draht. »My First Victorinox« ist auch mit Holzsäge erhältlich, was den Einsatzbereich eines Taschenmessers sehr erweitert.

Fachgerechte Anwendung des Taschenmessers

 Auf- und Einklappen der Werkzeuge

Aufklappen: Es gibt viele Möglichkeiten, eine Taschenmesserklinge auf- und einzuklappen. Ein geübter Taschenmesserbenutzer tut dies höchstwahrscheinlich automatisch, ohne sich des Bewegungsablaufs bewusst zu sein. Um Verletzungen vorzubeugen, empfiehlt es sich, Kinder, die das

Schnitzen von Grund auf lernen, mit folgenden Auf- und Einklappmethoden vertraut zu machen.

Die Hand, die das Messer hält, fixiert es zwischen den vier Fingerkuppen auf der einen Seite und dem Daumen und dem Handballen auf der anderen Seite (1). Und zwar so herum, dass die Klinge in geöffnetem Zustand vom Körper weg

gerichtet ist. Der Nagelhieb gibt dem Daumennagel den nötigen Halt, um die Klinge in einem Halbkreis herauszuziehen (2, 3). Das Messer ist dann vollständig geöffnet, wenn die Klinge mit einem hör- und spürbaren Klicken in der offenen Position einrastet (4). Diese Methode gilt für alle Werkzeuge, die mit einem Nagelhieb versehen sind. Bei der Holzsäge steht die abge-

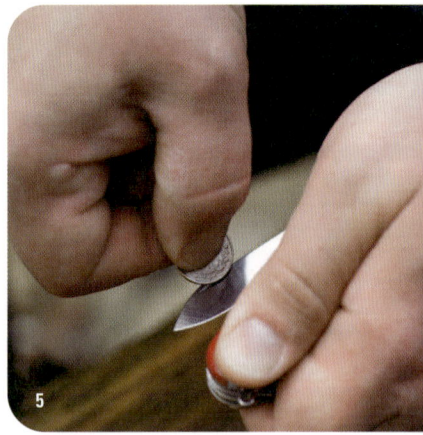

rundete Spitze der Säge etwas vor, sodass sich die Säge mit dem Daumennagel öffnen lässt.

Wenn das Aufklappen des Messers schwierig ist, kann zur Schonung der Fingernägel auch eine kleine Münze oder ein anderes flaches Metallstück als Aufklapphilfe eingesetzt werden (5). Dabei drückt man die Aufklapphilfe mit einer Kante in den Nagelhieb und öffnet so die Klinge bis zu dem Punkt, wo sie nicht mehr von selbst einklappt. Dann greift man mit Daumen und Zeigefinger nach, um die Klinge vollständig zu öffnen.

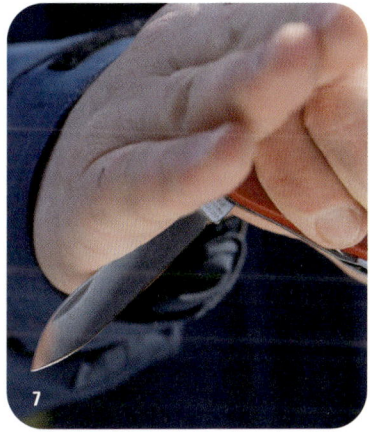

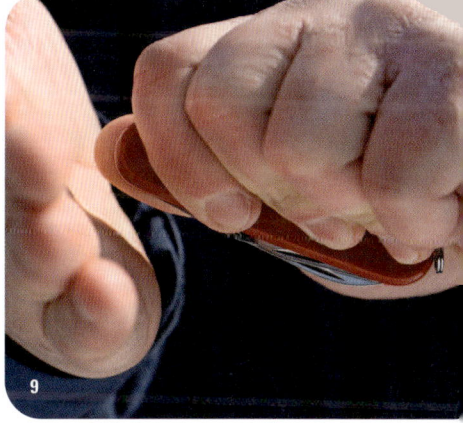

Einklappen: Halten Sie das Messer, wie beim Aufklappen beschrieben (6). Befördern Sie mit der Handfläche der anderen Hand die Klinge zurück ins Gehäuse (7, 8, 9). Achten Sie darauf, dass kein Teil des Handballens von der einzuklappenden Klinge eingeklemmt wird. Ob Sie Rechts- oder Linkshänder sind, spielt keine Rolle. Probieren Sie selbst aus, wie es sich für Sie besser anfühlt.

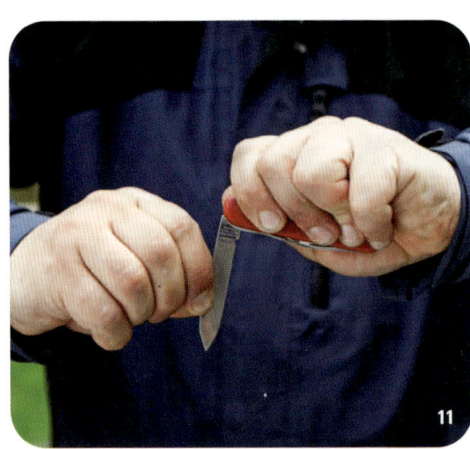

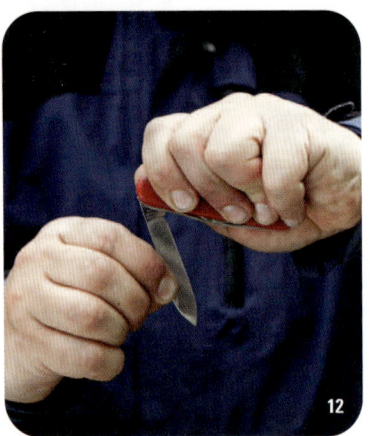

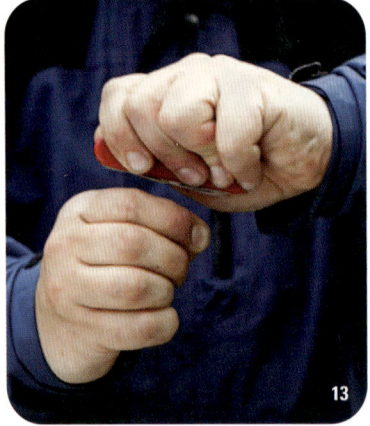

jedoch mit der Handfläche die Klingenspitze. Das Kind sollte beim Auf- und Einklappen der Messerklinge genauso konzentriert und ruhig vorgehen, wie beim Schnitzen selbst.

Schwer einklappbare Messer können über einer Kante (z. B. Kante eines Baumstrunks) eingeklappt werden (14). Bei sauberen, geölten Taschenmessern sollten die Werkzeuge leicht auf- und einzuklappen sein. Sobald eingetrockneter Saft vom Schneiden einer Frucht, Harz oder andere Verunreinigungen den Talon (siehe Fachbegriffe Seite 177) verkleben, kann es passieren, dass man sein Messer kaum mehr aufbekommt. Daher ist die richtige Pflege des Taschenmesser wichtig (siehe Seite 181).

Für Kinder mit wenig Kraft in den Fingern, die schon beim Öffnen und Schließen einer leichtgängigen Klinge ihre ganze Kraft aufwenden müssen, ist folgende Variante zu empfehlen:

Die Hand, die das Messer hält, fixiert es wie beim Aufklappen (siehe oben). Mit der anderen Hand wird der Klingenrücken zwischen Daumen und Zeigefinger festgehalten und im Halbkreis zurück ins Gehäuse geschoben. Auf Höhe des Nagelhiebs ist die Hebelwirkung gut (10). Durch das Festhalten des Klingenrückens bis zum vollständigen Einklappen hat das Kind die Klingenbewegung unter Kontrolle und sieht jederzeit, wo die Klingenspitze ist (10–13). Die erste Einklappmethode (6–9) ist zwar etwas eleganter, man verdeckt dabei

 Korrekte Sitzhaltung beim Schnitzen

Wer schnitzt, der sitzt! Diese Grundregel sollte beim Schnitzen mit Kindern unbedingt beachtet werden (siehe auch Sicherheitsregeln, Seite 40). Auch Erwachsene tun aufgrund ihrer Vorbildfunktion und zur eigenen Sicherheit gut daran, sich beim Schnitzen auf einer soliden Unterlage hinzu-

setzen und die Füße etwas mehr als schulterbreit auf dem Boden abzusetzen. Geschnitzt wird vor den gespreizten Beinen (1) oder seitlich neben den Beinen (2). Bei seitlichem Arbeiten muss allerdings genügend Abstand zur nächsten Person vorhanden sein. Das Werkstück hält man im hinteren Bereich fest, der Unterarm der ruhenden Hand wird

Der Faustgriff

Damit die Kraft vom Arm optimal auf die Schneidekante übertragen wird, muss das Messer fest in der Hand liegen. Viele Kinder nehmen das Messer zu zaghaft in die Hand und halten es nur lose in der Faust. Um effizient und sicher schnitzen zu können, ist ein kräftiges, aber nicht verkrampftes Anpacken des Griffes notwendig.

oberhalb des Knies abgestützt. Das verleiht beim Halten des Werkstücks mehr Stabilität. Die Hand, die das Holz festhält, befindet sich immer hinter dem Messer – auf gar keinen Fall davor. Die Schnitzbewegung erfolgt gegen den Boden. Der Auslauf der Messerbewegung muss ins Leere gehen. Wichtig: Nie gegen die Oberschenkel im Bereich von Schoß und Leisten schnitzen! Hier verlaufen wichtige Blutbahnen. Der Schnitzbereich liegt immer vor den Knien.

Wenn keine Sitzgelegenheit vorhanden ist, ist es auch möglich, kniend zu schnitzen (3 und 4). Um auf feuchtem oder schmutzigem Untergrund bequemer zu knien, ist eine Unterlage von Vorteil. Achten Sie auch bei dieser Haltung darauf, dass Sie nie gegen den Oberschenkel schnitzen und halten Sie genügend Abstand zur nächsten Person oder zum nächsten Hindernis.

3

Man sollte das Messer nicht zu weit hinten am Griff fassen, denn dadurch verliert man an Schnittkraft. Wenn nur noch ein kleines Stück der Griff- schalen aus der Faust heraus- schaut, halten Sie das Messer korrekt (1).

Der Faustgriff ist der Grund- griff beim Arbeiten mit Ta- schenmesserklingen. Um mehr Gefühl für die Schnittbewe- gung zu bekommen oder für eine größere Hebelkraft, legen manche Anwender ihren Daumen auf den Messerrücken (2). Probieren Sie aus, ob Sie damit besser zurechtkommen. Wenn die Kraft in der Hand fehlt, das Messer gerade zu halten, kippt das Messer bei der Stoßbewegung in die Dau- menbeuge ab (3). Das ist nicht falsch, im Gegenteil. Es be- günstigt einen »ziehenden Schnitt« (siehe Kasten auf Seite 25).

Die wichtigsten Schnitzwerkzeuge des Taschenmessers

Das größte Taschenmesser von Victorinox, das für den tägli- chen Gebrauch ausgelegt ist, heißt Swiss Champ (siehe rechts) und vereint stolze 33 Werkzeugfunktionen in einem Messer. Ein derart großes Taschenmesser mit so vielen Funktionen ist für Kinder

jedoch ergonomisch nicht sinnvoll, da sie es beim Schnitzen kaum in der Hand halten können. Die Werkzeuge, die man für das Werken mit Holz am häufigsten braucht. sind:

• große Klinge
• kleine Klinge
• Holzsäge
• Ahle

Ein Taschenmesser, das diese vier Werkzeuge enthält, genügt für den Anfang vollauf. Für die im praktischen Teil dieses Buches vorgestellten Projekte kommen ausschließlich diese vier Werkzeuge zum Einsatz.

Schnitztechniken mit der großen Klinge

 Der Grobschnitt

Der Grobschnitt ist eine oft angewendete grundlegende Schnitztechnik, mit der ein Anfänger beginnen sollte. Hierbei führt man das Messer mit Kraft gerade von sich weg durch die abzutragende Stelle, bis das Messer wieder aus dem Werkstück austritt. Der Grobschnitt eignet sich für die grobe Formgebung, oder wenn viel Material abzutragen ist. Die lange Schneidekante der großen Klinge kann große Späne produzieren. Beim Grobschnitt wird ein Maximum an Kraft auf die Schneidekante übertragen. Für feinere Arbeitsschritte eignet sich der Grobschnitt nicht, weil sich die Schnittbewegung nicht gut dosieren oder punktgenau stoppen lässt.

Effizient ist ein Schnitt dann, wenn sich die Schneidekante während der Vorwärtsbewegung auch seitwärts vom Talon bis zur Klingenspitze bewegt (ziehender Schnitt, siehe Kasten auf Seite 25).

Halten Sie das Messer im Faustgriff. Setzen Sie die Klinge flach und so nahe wie möglich am Messergriff auf das Werkstück. Während der Stoßbewegung führen Sie die Klinge so durch das Werkstück, dass sie sich im Lauf der Bewegung vom Griff bis zur Spitze verschiebt (1–4).
Je steiler Sie das Messer auf dem Werkstück ansetzen, umso tiefer geht der Schnitt ins Holz, was natürlich auch mehr Kraftaufwand bedeutet.

gungsabläufe konzentrieren und bekommt ein Gefühl für das Messer und die Beschaffenheit des Werkstücks. Wenn Rinde und Bast vollständig entfernt sind, kommt das weißliche Kernholz zum Vorschein.

Um Kindern den Bewegungsablauf beim Schnitzen zu demonstrieren, stellt man sich hinter das Kind. Das Kind hält Messer und Werkstück in den Händen. Man umgreift nun die Hände des Kindes und führt mit möglichst geringem Kraftaufwand zusammen mit ihm die Schnitzbewegungen aus (6).

Übung für den Grobschnitt

Eine klassische Anwendung des Grobschnitts ist das Abschälen von Baumrinde oder das Anspitzen eines Astendes. Als erste Schnitzübung für Anfänger bietet sich das Schälen der Rinde eines frischen Haselastes an (5).

Achten Sie darauf, dass der Ast möglichst nur wenige Seitenäste hat, damit der Bewegungsablauf des Grobschnitts ungehindert ausgeführt werden kann. Die Rinde löst sich im Normalfall sehr leicht, sodass auch ein Kind nur wenig Kraft anwenden muss. So kann es sich auf die Bewe-

Grobschnitt auf einer festen Unterlage

Die Grobschnitt-Technik kann auch angewendet werden, indem man das Werkstück auf einer stabilen Unterlage abstützt. Am besten stellt man sich breitbeinig hinter die Werkstückauflage und arbeitet aus der Schulter heraus. Der Schnitzarm bleibt gestreckt. Dadurch kann mit dem Körpergewicht Druck auf die Schneide ausgeübt werden.

Damit die messerführende Hand beim durchgezogenen Grobschnitt nicht auf der Unterlage aufschlägt, muss das Werkstück am Rand aufgesetzt werden. Achten Sie darauf, dass das Werkstück während des Schnitts nicht wegrutscht.

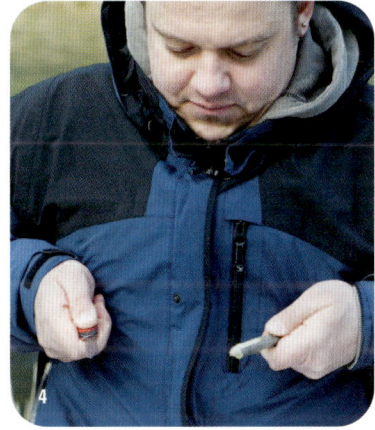

gezogen. Die Unterarme gleiten am Brustkasten entlang nach außen, während sich die Schulterblätter zusammenziehen (3, 4). Auch bei dieser Technik gleitet die Messerklinge seitwärts vom Griff zur Klingenspitze (ziehender Schnitt).

Richtig angewendet, ist diese Technik völlig ungefährlich, weil die Messerklinge nach außen zeigt und man von sich weg schnitzt. Da mit dem Hebelgriff die großen Muskelpartien im Bereich der Schulterblätter zum Einsatz kommen, liegt viel Kraft in diesen Schnitten.

 Grobschnitt an der Brust

Diese Technik ist nicht sehr verbreitet. Sie kann zum Einsatz kommen, wenn mit kurzen Schnitten viel Material abgetragen werden soll. Dabei hält man das Taschenmesser so, dass die Schneidekante in Richtung Handrücken ausgerichtet ist (1) – also entgegengesetzt zum bereits

vorgestellten Grobschnitt. Der Daumen wird auf die Griffschale oder auf die Klinge gelegt. Die Klinge ist leicht nach unten geneigt, damit sie ins Holz eindringen kann.

Kreuzen Sie die Klinge und das Werkstück vor Ihrer Brust, das Messer liegt beinah flach auf dem Werkstück auf (2). Werkstück und Messer werden gleichzeitig gegeneinander

Stellen Sie den abgelängten Ast auf eine feste Unterlage (z. B. auf einen Baumstrunk) und setzen Sie die Klinge genau im Astmittelpunkt (Mark) an (1).

Schlagen Sie vorsichtig mit einem Schlagstock auf den Klingenrücken, bis das Messer im Holz verschwindet. Die Schläge treffen den Klingenrücken genau über dem zu spaltenden Holz (2). Wenn der Messerrücken im Holz verschwunden ist, treiben Sie das Messer mit vorsichtigen Schlägen auf die Klingenspitze weiter voran (3). Die Hand am Messergriff erzeugt bei den Schlägen auf die Klingenspitze Druck Richtung Boden und hält so wenn möglich das Messer in waagerechter Position. Manchmal muss mit sachten Schlägen auf den Klingenansatz die Messerstellung etwas korrigiert werden (4). Gehen

  Spalten mit der großen Klinge

Um bei nasser Witterung trockenes Feuerholz zu haben, müssen einige Äste der Länge nach aufgespalten werden. Auch für manche Schnitzprojekte muss man zuerst ein Stück Ast aufspalten. Um Äste aufzuspalten, eignen sich größere Messer mit einer festsitzenden Klinge besser als ein Taschenmesser. Die Offiziersmesser der 91-mm-Modelle haben eine Klingenlänge von circa 60 mm. Damit lässt sich Holz von einem Durchmesser bis 2,5 cm gut spalten.

Sie dabei vorsichtig vor, damit die Griffschalen nicht beschädigt werden. Im Idealfall reißt das Holz fortwährend ein (5). Durch gefühlvolles Verdrehen des Messers kann der Spaltvorgang bei dünnen Ästen weitergeführt werden. Übertreiben Sie es jedoch nicht mit dem Krafteinsatz – weder beim Schlagen noch beim Abdrehen der Klinge. Sonst kann das Messer beträchtlichen Schaden nehmen.

Tipp: Für erste Spaltversuche sollte das Werkstück einen Durchmesser von 2 cm und eine Länge von 20 cm nicht überschreiten. Wählen Sie ein gut spaltbares, nicht zu hartes Holz wie Hasel, Birke, Esche oder Ahorn.

Ziehender Schnitt

Diese zusätzlich zum »drückenden Schnitt« ausgeführte Zieh- und Stoßbewegung ergibt den »ziehenden Schnitt«. Dabei wird der effektive Schnei-

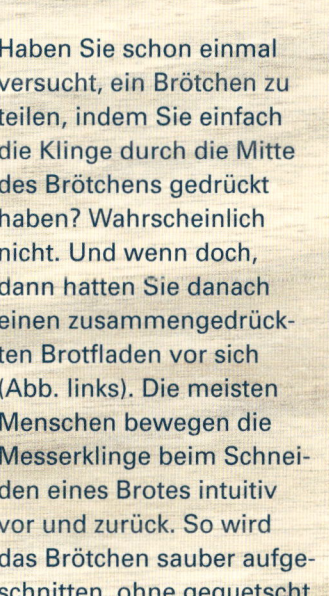

Haben Sie schon einmal versucht, ein Brötchen zu teilen, indem Sie einfach die Klinge durch die Mitte des Brötchens gedrückt haben? Wahrscheinlich nicht. Und wenn doch, dann hatten Sie danach einen zusammengedrückten Brotfladen vor sich (Abb. links). Die meisten Menschen bewegen die Messerklinge beim Schneiden eines Brotes intuitiv vor und zurück. So wird das Brötchen sauber aufgeschnitten, ohne gequetscht zu werden (Abb. rechts).

dewinkel verkleinert, sodass die Schneide leichter in das Schnittgut eindringen kann. Dieses Prinzip ist auch auf das Schnitzen mit Holz übertragbar. Effizient ist der Schnitt dann, wenn sich die Schneidekante während der Druckbewegung auch seitwärts vom Talon bis zur Klingenspitze bewegt.

Spalten mit selbst hergestellten Holzkeilen

Diese Technik schont das Taschenmesser und eignet sich für Werkstücke mit größerem Durchmesser.

Herstellung des Holzkeils

Um einen Holzkeil herzustellen, setzt man das Messer am äußeren Drittel eines Hartholz-

stabes an (1) und spaltet ein spitz zulaufendes Stück ab (2, 3). Wenn das Messer nicht genau im Mark angesetzt wird, spaltet sich das Holz immer nach außen. So entsteht automatisch ein Stück in der gewünschten Keilform. Auf der unbearbeiteten Seite kann man den Keil noch etwas nachschnitzen (4). Es ist wichtig, dass die Keilspitze gut ausgedünnt ist (5), damit sich der Keil in einen schmalen Spalt treiben lässt.

Möchte man ein langes Werkstück spalten, spaltet man von einem Stück Hartholz beidseitig einen Keil ab (3). So ent-

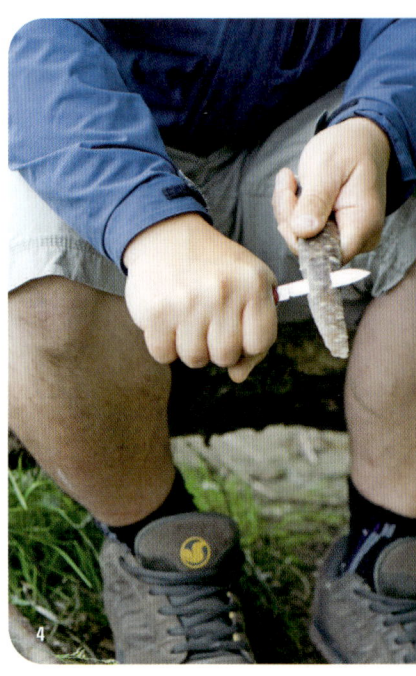

steht am Hartholzstab selbst ein stumpfer Keil (6), den man wie in Abbildung 9 einsetzen kann.

Spalten mit Holzkeil

Als Erstes treibt man die Messerklinge bis zum Messerrücken ins Holz (7) und zieht sie vorsichtig wieder heraus. In den entstandenen Spalt treibt man nun den schmalen Holzkeil (8). Bei langen Werkstücken setzt man mit einem gröberen Keil nach (6, 9).

 ## Schaben

Zum Schaben eignen sich
große Messerklingen besser,
weil die längere Schneidekante
nicht so leicht vom Werkstück
abrutscht. Setzen Sie die
Klinge im rechten Winkel zur
Werkstückoberfläche an und
bewegen Sie die Schneide auf
dem Werkstück stoßend von
sich weg (1). Um kontrolliert
arbeiten zu können, schaben
Sie möglichst nahe am Messergriff. Diese Technik kommt
zum Einsatz, um beispielsweise eine Oberfläche zu
glätten oder Rinde und Bast
von einem Ast zu entfernen. Da
sich bei vorsichtigem Schaben
nur kleine Späne lösen, eignet
sich diese Technik auch bei
Feinarbeiten, zum Beispiel im
Bogenbau. Um Rattermarken
(Unregelmäßigkeiten) auf der
Werkstückoberfläche zu verhin-

dern, sollten Sie die Stoßrich-
tung mehrmals wechseln.
Beim Schaben kann es auch
sinnvoll sein, das Werkstück
auf eine feste Unterlage abzu-
stützen.

Schnitztechniken mit der kleinen Klinge

Die kleine Klinge wird oftmals unterschätzt. Viele Leute benutzen sie erst dann, wenn die große Klinge nicht mehr scharf genug ist. Die Vorzüge der kleinen Klinge zeigen sich bei den Feinarbeiten. Dadurch, dass bei der kleinen Klinge die Endzone der Schneide näher am Griff liegt, ist die Kraftübertragung günstiger als bei der großen Klinge. Aus demselben Grund ist das Messer auch prä-

ziser zu führen. Die kleine Klinge ist zudem wendiger. Eine kürzere Klinge bedeutet verminderte Unfallgefahr, da ein kürzeres Stück Schneidekante kontrolliert werden muss. Aus diesen Gründen sind auch klassische Schnitzmesser mit einer feststehenden Klinge kurz.

 ## Der Feinschnitt

Beim Feinschnitt hält man das Werkstück wenige Zentimeter hinter der Bearbeitungsstelle. Der Daumen der Hand, die das Werkstück hält, drückt auf den Klingenrücken (1). Das Messer

dringt ohne Seitwärtsbewegung ein (hier kein ziehender Schnitt!). Diese Technik ermöglicht ein sicheres und exaktes Führen der Klinge. Auch kann der Schnitt punktgenau gestoppt werden. Der Feinschnitt eignet sich, um eine Nut oder eine Kerbe zu schneiden oder um ein Muster in eine Rinde zu schnitzen. Um bei einer Kerbe von der anderen Seite den Span zu lösen, sollte grundsätzlich das Werkstück gewendet werden. Nur sehr geübte Schnitzer schnitzen gegen die Hand. Achten Sie auch beim Feinschnitt auf korrekte Sitzhaltung (2).

Übung: Schnitzen einer umlaufenden Nut

Mit der Feinschnitttechnik setzt man rund um den Ast kurze tiefe Schnitte (4–6). Damit die Schnitte alle auf derselben

Übung: Schnitzen einer Kerbe mit Fein- und Stoppschnitt

Zuerst setzt man an der gewünschten Stelle einen Stoppschnitt (1). Für den Stoppschnitt legt man die Klinge im rechten Winkel auf dem Werkstück an und zieht die Klinge mit Druck zu sich hin, sodass ein Einschnitt entsteht. Dabei sollte das Werkstück auf einer Unterlage aufliegen. Danach kann mit der Technik des Feinschnitts eine keilförmige Vertiefung (Kerbe) ins Holz geschnitten werden (2, 3). Dank des Stoppschnitts geht die Kerbe keinen Millimeter über die gewünschte Stelle hinaus. Wenn der Stoppschnitt tief genug war, sollte sich jetzt ein Span lösen. Diesen Vorgang wiederholt man, bis die Kerbe die gewünschte Tiefe hat.

Höhe beginnen, kann man vorher eine Markierung in die Rinde schneiden. Danach wendet man das Werkstück und löst die geschnittenen Späne auf dieselbe Weise (7–9). Diesen Vorgang wiederholt man, bis die Nut tief genug ist. Für eine Nut mit geraden Seitenwänden setzt man zwei tiefe Begrenzungsschnitte (vgl. Stoppschnitt bei der vorhergehenden Übung) und schnitzt das zu entfernende Material mit der Feinschnitttechnik vorsichtig heraus. Erst auf der einen Seite arbeiten, dann den Stock wenden und gegen den anderen Begrenzungsschnitt zu Ende schnitzen.

Übung: Schnitzen eines Rindenmusters

Um eine ringförmige Verzierung zu schnitzen, schneidet man zwei umlaufende Begrenzungsschnitte im gewünschten Abstand in die Rinde bis zum Kernholz ein (1). Die Einschnitte verhindern, dass man beim Lösen der Rinde über die Begrenzung hinaus schnitzt.

Nun setzt man die Klinge an der näher liegenden Rille an und löst die Rinde bis zur vorderen Rille (2, 3).

 Schnitzen
gegen den
Körper

Auf den ersten Blick mag Ihnen
eine Schnitztechnik »gegen
den Körper« gefährlich erschei-
nen. Für geübte Schnitzer hat
diese Methode aber durchaus
ihren Nutzen. Mit dieser Technik sollten aber nur geübte
und erfahrene Kinder vertraut
gemacht werden.

Das Werkstück wird an der
Brust abgestützt (1). Als
Schneidschutz und um den
Druck des Werkstücks gegen
den Brustkasten etwas zu verringern, kann ein starkes Leder
oder eine andere Unterlage
zwischen Brust und Werkstück
geklemmt werden. Diese
Technik kann man einsetzen,
wenn das Werkstück beim
Feinschnitt zu wenig Platz fürs
Festhalten bietet, zum Beispiel

bei der Nachbearbeitung eines
Gabel- oder Löffelstiels.

Da das Handgelenk starr gehalten wird (2, 3), stoppt der
Unterarm die Schnitzbewe-
gung vor der Brust jedes Mal,
wenn die Innenseite des Armes
gegen den Brustkasten stößt
(3). Mit dieser Technik können
lange, feine Späne abgezogen
werden.

 Feinschnitt gegen
die Hand

Diese Technik eignet sich für
erfahrene Schnitzer. Man kann
sie etwa anwenden, um eine
scharfe Kante an einem abgeschnittenen Stock abzu-
schrägen (facettieren). Dabei
zieht man die Schneide mit der
Kraft beider Daumen vorsichtig
zu sich (1). Es ist von Vorteil,
wenn die Daumen unterhalb
der Schneidestelle aufliegen.
Damit stellt man sicher, dass
man sich beim Durchbrechen
oder Abgleiten des Messers
nicht in die Daumenkuppe
schneidet.

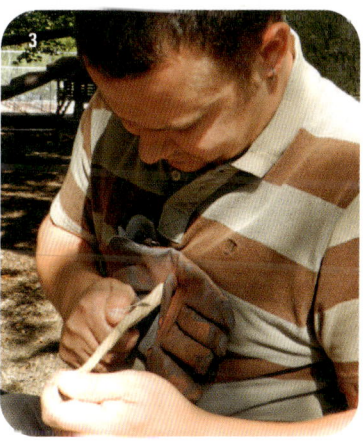

Arbeiten mit der Klingenspitze

Die Spitze der kleinen Klinge wird gebraucht, um eine kraterförmige Vertiefung ins Holz zu schnitzen. Achtung: Bei dieser Technik muss sehr vorsichtig gearbeitet werden, weil bei falscher Ausführung die Gefahr besteht, dass die Klinge unbeabsichtigt einklappt. Halten Sie die Klinge an den Klingenflächen zwischen dem Daumen und dem Zeigefinger (1). Der Messerkörper wird mit dem Handballen und den anderen Fingern stabilisiert. Legen Sie das Werkstück auf eine feste Unterlage. Die Klingenspitze dreht sich im Mittelpunkt des erwünschten Kraters. Achten Sie darauf, dass bei der runden Schnitzbewegung der Schneidedruck immer von hinten kommt, das heißt gegen den Aufklappanschlag. Da Sie in einem Bewegungsablauf nur einen Halbkreis schnitzen können (2, 3), wenden Sie am besten das Werkstück für die andere Hälfte des Kraters.

Sägen mit der Holzsäge

Die Taschenmessersäge funktioniert sowohl bei der Stoß- als auch bei der Zugbewegung, es empfiehlt sich aber, den Akzent auf die Zugbewegung zu legen. Arbeiten Sie ohne übermäßigen Druck, lassen Sie die scharf geschliffenen Zähne für Sie arbeiten. Durch die grobe Zahnung ist die Säge für Nass- und Frischholz geeignet.

Beim Sägen müssen Sie darauf achten, dass Sie die Säge bei der Zugbewegung nicht vollständig aus dem Sägeschlitz ziehen. Wenn Sie bei der anschließenden Stoßbewegung den Sägeschlitz nicht mehr treffen, kann es passieren, das sich das Sägeblatt durch den Aufstoß mit der Sägespitze verbiegt. Es ist fast unmöglich und außerdem gefährlich, ein verbogenes Sägeblatt so zurückzubiegen, dass es beim Einklappen wieder problemlos in den vorgesehenen Schacht passt. Sägen Sie immer mit aufgelegtem oder eingeklemmtem Werkstück, niemals in der Luft! Verletzungen mit dem Sägeblatt sind oft besonders schmerzhaft und heilen nur langsam, weil durch die vielen Zacken an der Säge die Haut nicht sauber aufgeschnitten, sondern aufgerissen wird (siehe auch »Verletzungsgefahren und Wundbehandlung«,

Seite 194). Wenn Sie das Werkstück von Hand fixieren, kann ein Gartenhandschuh guten Schutz bieten. Beim Sägen von Nadelbaumhölzern kann das Harz die Seitenflächen der Säge verkleben und das Sägen massiv erschweren.

Fixieren des Werkstückes

Hilfsmittel zur Fixierung des Werkstücks
Um Unfällen beim Sägen mit dem Taschenmesser vorzubeugen, sollte das Werkstück so fixiert sein, dass es sich beim Sägen nicht bewegt. Am sichersten ist diese Fixierung, wenn Sie das Werkstück in einen Schraubstock einspannen oder das Werkstück mit einer Schraubzwinge an einer stabilen Unterlage befestigen. Ein Sägebock ist ebenfalls ein sicheres Hilfsmittel.

Fixierung ohne technische Hilfsmittel
Pressen Sie das Werkstück immer gegen eine feste Unterlage. Das kann ein großer, flacher Stein sein, eine kleine Mauer oder ein Baumstrunk. Wenn Sie das Werkstück gegen einen Absatz oder in eine kleine Vertiefung drücken, ist es auch gegen horizontales Verrutschen gesichert (1). Setzen Sie den Sägeschnitt

möglichst nah an der Unterlage an, so stellen Sie sicher, dass das Werkstück beim Sägen nicht mitschwingt. Wenn Sie das Werkstück mit einem Schuh fixieren, können Sie mit Ihrem Körpergewicht einen hohen Pressdruck aufbauen, und es besteht keine Gefahr, dass Sie sich in die Haltehand schneiden (2). Der Fuß ist zudem durch den Schuh geschützt.

Wenn Sie das Werkstück mit der Hand auf die Unterlage pressen, müssen Sie darauf achten, dass die Haltehand genügend Abstand zur Säge hat (3).

Eine gute Möglichkeit, um sicher und bequem zu sägen, bietet die Astgabel eines stehenden Baumes. Legen Sie das Werkstück in die Astgabel. Mithilfe der Hebelkraft können

Sie es mit der Haltehand leicht fixieren, indem Sie es am äußeren Ende zu sich ziehen (4).
Zur Not können Sie einen Ast auch auf den Knien abstützen. Diese Technik setzt aber Kraft und Körperspannung voraus (5).
Achten Sie beim Sägen darauf, dass durch den Druck, den Sie zum Festhalten auf das Holz ausüben, nicht das Sägeblatt

eingeklemmt wird (6, 7). Das Stück das abgesägt wird, darf nirgends aufliegen. Der andere Teil muss mit Druck direkt gegen die feste Unterlage eingeklemmt sein (8, 9).

Falsch: Das Sägeblatt wird durch den Haltedruck eingeklemmt.

Richtig: Der Ast wird zum Klemmen direkt gegen eine feste Unterlage gedrückt. Der Teil, der abgesägt wird, liegt nicht auf. Das Sägeblatt wird nicht eingeklemmt.

Tipp

Oft muss man einen dünnen Ast von einem Baum oder Strauch abschneiden, zum Beispiel einen Haseltrieb für einen Bratspieß oder einen Pfeil. Dabei kann man den Ast nicht gegen eine Unterlage drücken. Man sägt also quasi in der Luft. Dünne Äste von einem Baum oder Strauch abzusägen ist gefährlich, weil der Ast nicht fixiert werden kann und beim Sägen mitschwingt. Darum schneiden Sie den Ast lieber mit der großen Messerklinge ab, anstatt ihn abzusägen. Um einen Ast bis circa 2 cm Durchmesser mit der Messerklinge abzuschneiden, halten Sie ihn durch Biegen unter Spannung (1, 2). Die Klinge wird auf der gespannten Seite flach in die Faser hineingedrückt (3). Der Schnitt erfolgt nicht rechtwinklig durchs Holz wie beim Sägen, sondern schräg. Dadurch trennen sich die Fasern fast von alleine auf.

⬛ Stechen, Bohren, Nähen mit der Ahle

wendet, so etwa für Leder, Karton, Kunststoff, Speckstein, Aluminium und natürlich Holz (1–4).

Die Ahle von Victorinox hat eine Schneidekante, die im Uhrzeigersinn arbeitet. Sie schneidet sich ins Material, arbeitet also spanabhebend. Die Ahle hat zudem ein Loch. Damit können mit einer Sehne oder einem Faden zwei näh-

bare Materialien durch eine grobe Naht verbunden werden. Die ausgeklappte Ahle hält man zwischen Daumen und Zeigefinger fest (5). So hat man eine gute Kontrolle über das Werkzeug und kann, wenn nötig, viel Kraft in die Drehbewegung legen oder auf die Ahlenspitze ausüben. Auch spürt man zwischen Daumen und Zeigefinger sofort, wenn die Ahle zum Einklappen neigt, und kann den Winkel korrigieren, mit dem man auf das Werkstück drückt. Durch unkontrolliertes Einklappen der Ahle kann man sich verletzen. Darum ist auch beim Arbeiten mit der Ahle, genau wie beim Schnitzen mit den Klingen, höchste Konzentration erforderlich.

Die Ahle stammt vom ursprünglichen Soldatenmesser von 1891. Es wurde vor allem dazu genutzt, die Lederriemen des Pferdegeschirrs zu reparieren. Die Ahle ist sehr vielseitig einsetzbar. Man kann mit ihr unter anderem bohren, stechen, auskratzen, Verstopfungen beheben, reinigen, vorbohren und sogar nähen. Ich habe die Ahle schon für sehr unterschiedliche Werkstoffe ver-

Sicherheit beim Schnitzen

»Pass auf deine Finger auf!« – »Das ist gefährlich, ich säge dir schnell den Ast durch!« – »Lass mich machen, du hast zu wenig Kraft!« – »Achtung, so klappt die Ahle ein!«
So oder ähnlich hören sich die Appelle und Ermahnungen besorgter Betreuer an, wenn Kinder mit dem Taschenmesser werkeln. Wer erste Erfahrungen mit dem Schnitzen macht, wird sich bei aller Vorsicht – und all unseren Sicherheitsregeln zum Trotz – mit hoher Wahrscheinlichkeit einmal schneiden. Das lässt sich wohl kaum vermeiden. Der Einstieg in die Schnitzarbeit mit dem Taschenmesser

soll jedoch nicht von Unbehagen, Angst und Unsicherheit begleitet werden. Eine angstgeprägte Grundhaltung beeinflusst das Lernumfeld negativ und nimmt sowohl dem Kind als auch der erwachsenen Person die nötige Ruhe, die ein sicheres Arbeiten erfordert. Erwachsene, die selbst wenig oder keine Erfahrung mit dem Taschenmesser haben und es lediglich dazu benützen, eine Wurst einzuschneiden oder einen Bratspieß zuzuspitzen, möchte ich ermutigen, die Techniken und Projekte in diesem Buch zunächst für sich selbst zu üben und auszuprobieren. Wenn Ihr Kind sieht,

wie gekonnt Sie mit dem Messer umgehen, wird es selbst Lust bekommen, das Messer sachgerecht und sicher einzusetzen.

Besprechen Sie die Sicherheitsregeln mit Ihrem Kind und übertragen Sie ihm mit der Übergabe des Messers auch ein Stück Verantwortung. Schaffen Sie eine positive Lernatmosphäre und lassen Sie sich von den Fortschritten überraschen, die Ihr Kind machen wird. Zahlreiche Anregungen für Schnitzprojekte in verschiedenen Schwierigkeitsstufen finden Sie im praktischen Teil dieses Buches.

Die neun Sicherheitsregeln

Für das Schnitzen mit Kindern gibt es klare Regeln. Es kann durchaus sinnvoll sein, dass die Betreuungsperson die Regeln zusammen mit den Kindern erarbeitet und nicht einfach fertig vorgibt. Die Kinder wissen von sich aus schon viele Regeln und können im gemeinsamen Gespräch für die Thematik sensibilisiert werden. Von den Kindern mitformulierte Regeln sind für sie einfacher einzuhalten, weil ihre eigenen Überlegungen und Überzeugungen mit eingeflossen sind. Als Hilfestellung und als nützliches Werkzeug, um mit den Kindern die Regeln auf lustvolle Art zu erarbeiten, finden Sie auf der Internetseite www.taschenmesserbuch.ch einen Comic, in dem die Regeln kindgerecht illustriert und in eine lustige Kurzgeschichte verpackt sind. Sie können den Comic kostenlos herunterladen und beliebig oft ausdrucken.

Um zu verstehen, welche Überlegungen hinter den einzelnen Regeln stecken, ist jeder der neun Merksätze mit einer Erläuterung versehen.

• Ich schnitze immer mit einer scharfen Klinge.
Scharfe Messer können präziser geführt werden, sie greifen besser, und es kann mit weniger Kraftaufwand gearbeitet werden. Stumpfe Messer bedeuten eine große Gefahr, da Kraft aufgewendet werden muss und die Klinge leicht abrutscht. Damit die Schneide scharf bleibt, darf man mit ihr nicht auf Stein, Metall oder Glas schneiden, denn das macht jede Klinge schnell stumpf. Die Klinge des Taschenmessers darf nie in den Boden gesteckt werden.

• Wer schnitzt, der sitzt.
Schnitzen braucht ungeteilte Aufmerksamkeit. Sobald man aufsteht, wird das Messer eingeklappt. Denn wenn man beim Gehen ausrutscht oder stolpert, hat man die Klinge sonst nicht mehr unter Kontrolle und kann sich üble Stich- und Schnittverletzungen zufügen.

- *Ich halte ausreichend Abstand zu anderen Personen.*

Um zu prüfen, ob man genügend Abstand zur nächsten Person hat, kann man die Arme ausstrecken und sich einmal um sich selbst drehen. Wenn man niemanden berührt, hat man genug Platz. Bei größeren Kindergruppen empfiehlt es sich, für die schnitzenden Kinder einen abgegrenzten, geschützten Arbeitsbereich zu definieren. Diejenigen die nicht schnitzen, sollen diese Grenze nicht übertreten.

- *Ich führe die Messerklinge beim Schnitzen immer vom Körper und von der Hand weg, die das Holz hält.*

Man schneidet nie in Richtung Hand oder Körper, bevor man nicht sehr geschickt ist im Umgang mit dem Messer.

- *Es ist immer nur ein Werkzeug ausgeklappt.*

Werkzeuge, die gerade nicht benutzt werden, werden eingeklappt. Denn an diesen anderen Werkzeugen könnte man sich verletzen.

- *Ich verstaue mein Messer immer, wenn ich es nicht brauche.*

Eine offene, herumliegende Messerklinge ist gefährlich,

weil man sich selbst oder eine andere Person sich daran verletzen kann.

- *Ich ritze oder säge keine Bäume und andere Pflanzen an.*

Die Rinde des Baumes ist nicht dazu da, dass wir ein Herz oder einen Namen hineinritzen. Die Baumrinde dient, ähnlich der menschlichen Haut, dem Baum als Schutz. Über die Bastschicht, die unter der Rinde liegt, werden zudem die vom Baum benötigten Nährstoffe transportiert.

- *Ich übergebe das Taschenmesser immer mit eingeklappter Klinge.*

Pfadfinder kennen zwar eine Technik für das gefahrenlose Übergeben eines Messers mit einer feststehenden Klinge. Taschenmesser sollten aber immer mit eingeklappter Klinge und so völlig gefahrlos übergeben werden.

- *Das Messer ist ein Werkzeug und keine Waffe.*

Man bedroht oder verletzt niemals einen anderen Menschen oder ein Tier mit dem Taschenmesser. Das Taschenmesser ist auch kein Wurfmesser.

Das richtige Holz

Für die in diesem Buch beschriebenen Projekte eignet sich vorwiegend Grünholz, das heißt frische, nicht getrocknete, Äste und Zweige, die im Wald oder an Hecken zu finden sind. Meiden Sie grundsätzlich Äste, die so trocken oder verrottet sind, dass sie beim Biegen leicht brechen. Als Faustregel gilt: Je frischer das Holz geschnitten ist, umso leichter lässt es sich bearbeiten. Nicht jede Holzart eignet sich gleich gut zum Schnitzen und Werken mit dem Taschenmesser. Experimentieren Sie aber gerne selbst mit dem Material, das Ihnen jeweils zur Verfügung steht. Optimale Schnitztauglichkeit ist nicht immer das einzige Kriterium für die Wahl einer bestimmten Holzart. Manchmal sind Form, Gewicht, Lösbarkeit der Rinde oder andere Eigenschaften des Holzes wichtiger. Halten Sie auch Ausschau nach speziell geformten Ästen mit Gabelungen, Windungen, Krümmungen oder Verdickungen. Oft sind in diesen Eigenheiten schon Formen von Gegenständen oder Figuren enthalten.

Welche Hölzer eignen sich?

Die folgenden Tipps sollen Ihnen helfen, Schnitzhölzer zu finden, die in unseren Wäldern häufig vorkommen und sich fürs Werken mit dem Taschenmesser eignen. Natürlich ist es dabei von Vorteil, wenn Sie die häufigsten Laubbäume kennen. Bei manchen Projekten eignet sich ein weiches, leichtes Holz, bei anderen Projekten empfiehlt sich schweres, hartes Holz. Im Allgemeinen eignet sich Laubholz besser als Nadelholz, weil das klebrige Harz der Nadelhölzer das Schnitzen erschwert. Buche und Eiche sind Harthölzer, die schwer zu schnitzen sind. Weiche Holzarten wie Pappel oder Weide fransen hingegen leicht aus.

Besonders gut geeignet sind folgende Baumarten:
Birke, Hasel, Ahorn, Esche, Holunder, Linde und Erle. Ahorn und Holunder werden sehr hart, wenn sie trocken sind.
Buche, Obsthölzer, Eiche, Fichte, Weide, Hartriegel, Kornelkirsche und Buchsbaum können auch zum Einsatz kommen. (Hartriegel, Kornelkirsche und Buchsbaum sind extrem harte Hölzer. Man sollte sie nur für Objekte verwenden, die sehr stabil sein müssen, zum Beispiel der Saitenwirbel bei einem Mundbogen.)

Welche Hölzer sind giftig?

Eibe, Robinie (Falsche Akazie), Thuja, Kirschlorbeer und andere Zier-Prunus-Arten sowie Goldregen, Pfaffenhütchen und Seidelbast sind giftig oder haben giftige Bestandteile. Toxikologische Beratungsstellen raten deshalb vom Schnitzen dieser Hölzer ab. Eiche und Walnuss eignen sich aufgrund der enthaltenen bitteren Gerbsäure nicht für Koch- oder Essbesteck.

Wo geeignetes Holz zu finden ist

Es ist verboten, in Wäldern und öffentlichen Anlagen Äste von Bäumen abzusägen. Es dürfte aber trotzdem kein Problem sein, in der Natur gutes Schnitzmaterial zu finden. Im Wald liegen viele abgebrochene Äste oder umgestürzte Bäume, die Sie verwenden dürfen. Oft stößt man auch bei Waldspaziergängen auf abgesägte Äste von Forstarbeiten, die auf dem Waldboden liegen geblieben sind (1), oder auf bereits zu einem Haufen zusammengetragene Schnittabfälle (2). Fragen Sie den Förster oder den Grundstückseigentümer. Manchmal kann man auf Waldspaziergängen den Strunk eines abgebrochenen Baumstamms entdecken (3).

Die Splitter und Bruchstücke, die oft meterlang in den Himmel ragen, können für Brettchen, einen Bootsrumpf, ein Schwirrholz oder für andere Projekte herhalten. In den Wintermonaten werden Bäume und Sträucher geschnitten. Wer dann aufmerksam durch die Gegend streift, der entdeckt bestimmt irgendwo einen Haufen mit Schnittabfällen. Und vielleicht haben Sie auch die Möglichkeit, auf einem Privatgrundstück einen geeigneten Ast abzusägen.

Anfänger sollten ein gut bearbeitbares, nicht zu hartes Holz verwenden, zum Beispiel

Hasel, Ahorn, Linde, Erle, Kastanie oder Birke. Die Äste des Haselstrauchs eignen sich gut für erste Schnitzübungen. Sie sind leicht zu finden, das Holz ist elastisch und nicht zu hart. Auch löst sich die Rinde leicht vom Holz, sodass Kinder sie einfach entfernen oder schöne Muster hineinschneiden können.

Lassen Sie die Kinder mit dem Abschaben der Rinde beginnen. Das geht ohne viel Kraft, gibt rasch ein sichtbares Ergebnis und das Kind bekommt ein Gefühl für das Messer.

Taschenmesser-Projekte

Die folgenden Werkprojekte wurden unter dem Aspekt ausgewählt, dass sie mit einem einfachen Schweizer Taschenmesser als einzigem Werkzeug durchzuführen sind. Ein Taschenmesser mit einer großen und einer kleinen Klinge, einer Ahle und einer Holzsäge ist dafür ausreichend. Zudem sind viele Projekte mit Materialien zu realisieren, die in der Natur zu finden sind. Für einige Projekte wird Wohl-

standsmüll wie Aludosen oder eine PET-Flasche benötigt, wie sie (leider) auch in unseren Wäldern und an Seeufern zu finden sind. Manchmal sind ein Stück Schnur, ein Tropfen Leim oder ein Feuerzeug von Vorteil und verhelfen zu einem saubereren oder dauerhafteren Resultat – was aber nicht heißen soll, dass die Projekte ohne diese zusätzlichen Hilfsmittel nicht realisierbar wären.

Die Schnitzprojekte sind in die drei Schwierigkeitsstufen für Anfänger, Fortgeschrittene und Experten eingeteilt (siehe Seite 9). Mit etwas Unterstützung bei den schwierigeren Arbeitsschritten, ist es jedoch auch für Anfänger und Fortgeschrittene möglich, anspruchsvollere Projekte erfolgreich zu meistern. Die im Folgenden vorgestellten Projekte sind als anregende Ideen für den Ein-

stieg gedacht und sollen die Lust am Schnitzen fördern. Auf der Internetseite www.taschenmesserbuch.ch gelangen Sie unter der Rubrik Videos auf den dazugehörigen Youtube-Kanal, auf dem Sie zahlreiche Videos zur Anwendung der in diesem Buch vorgestellten Schnitzobjekte finden.

Astkröte

Die Astkröte ist eine Vereinfachung des Klangfrosches, eines aus Holz geschnitzten Musikinstruments in Form eines sitzenden Frosches, dessen Klang einem Froschquaken ähnelt (1). Der Klang entsteht dadurch, dass mit einem Holzstab über den gezahnten Rückenkamm gestrichen wird. Wie beim Klangfrosch ähnelt der Sound der Astkröte dem Quaken eines Frosches oder einer Kröte. Die Astkröte kann auch als Rhythmusinstrument eingesetzt werden.

Für den Klangkörper ist ein Hartholzast mit einem Durchmesser von 3–4 cm gut geeignet (2). Im Abstand von 2 cm sägen Sie sechs bis zehn parallele, etwa 8 mm tiefe Einschnitte (3). Lassen Sie, wenn Sie nicht gegen den Körper schnitzen wollen, unbedingt

auf beiden Seiten des späteren Rillenkammes genug Material stehen. So kann das Werkstück bis zum Schluss sicher gehalten werden.

Schnitzen Sie dann mit schrägen Schnitten die Rillen von der einen Seite her bis auf die Einschnitttiefe (4, 5). Dafür setzen Sie das Messer für jede Rille mehrmals an.

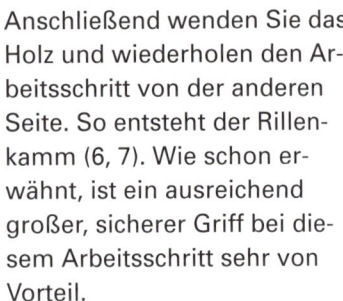

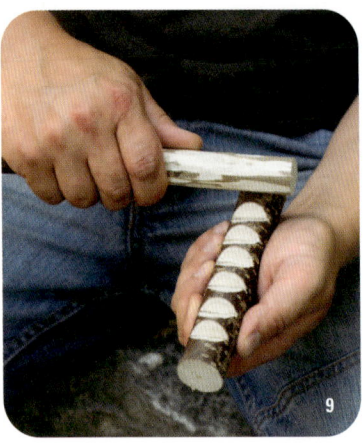

Anschließend wenden Sie das Holz und wiederholen den Arbeitsschritt von der anderen Seite. So entsteht der Rillenkamm (6, 7). Wie schon erwähnt, ist ein ausreichend großer, sicherer Griff bei diesem Arbeitsschritt sehr von Vorteil.

Erst jetzt sägt man den Stab beidseitig auf die gewünschte Länge ab (8).

Um das Instrument zum Klingen zu bringen, sägen Sie sich einen Hartholzstab mit einem Durchmesser von circa 2 cm zurecht. Dieser Stab wird mit etwas Druck zügig über die Rillen geführt (9).

Für einen voluminöseren Klang bildet man mit der Hand, welche die Astkröte hält, einen kleinen Resonanzraum (10). Nun kann das Krötenkonzert beginnen.

Holunderrassel

Die Holunderrassel ist ein einfach zu spielendes Rhythmusinstrument, das schon kleine Kinder begeistert. Man braucht für die Rasselrädchen einen Holunderast mit einem Durchmesser von 15–25 mm und großem Markanteil (mindestens 8 mm), einen Stock für den Griff (Durchmesser 15–20 mm) und einen dünnen Querstab, auf dem die Holunderrädchen geführt werden.

Schneiden Sie zuerst acht 1 cm dicke Rädchen Holunderholz ab. Entfernen Sie das Mark mit der Ahle (1, 2). Der Innendurchmesser der entstandenen Löcher muss größer sein als der

Bohren Sie etwa 3 cm vom dickeren Ende entfernt mit der Ahle ein Loch in den Griffstock (4).

Außendurchmesser des Querstabes, damit die Rädchen auf dem Querstab frei laufen können. Die Rinde der Rädchen wird abgeschält (3).

Entfernen Sie die Rinde des Querstabes (5). Das Loch im Griffstück vergrößern Sie mit der Ahle so weit, dass der Querstab gerade im Loch festklemmt (6).

Schieben Sie nun je 4 Rädchen rechts und links des Griffstücks auf den Querstab (7).

Die beiden Endstücke kann man aus Holunderstücken fertigen, deren Markdurchmesser kleiner ist als der Durchmesser des Querstabs. Entfernen Sie bei den Endstücken das Mark nur teilweise mit der Ahle (8). Das Loch soll nach innen konisch zulaufen. Den Querstab spitzen Sie an den Enden leicht an.

Hämmern Sie nun mit vorsichtigen Schlägen die beiden Endstücke mit einem Stück Holz auf den Querstab (9). Die Endstücke müssen auch nach längerem Einsatz der Rassel noch halten (10). Falls Leim zur Verfügung steht, ist es ratsam, die Endstücke damit zu sichern.

Als Variation kann die Rassel auch mit Walnussschalen hergestellt werden, die auf einen Draht oder eine Schnur aufge-

zogen werden (11). Bohren Sie die Löcher mit der Ahle in die Nusschalen. Um die spröden Schalen nicht zu zerstören, darf nur mit wenig Druck gearbeitet werden.

Steinschleuder

Die Steinschleuder ist der Waldspielzeug-Klassiker schlechthin! Kinder können Stunden damit verbringen, eine leere Cola-Dose von einem Zaunpfahl zu schießen. Da die Steinschleuder, abhängig von der Stärke des Gummibandes, mehr Waffe als Spielzeug ist, gilt es jedoch, einige Sicherheitsregeln einzuhalten (siehe Seite 40).

Um im Wald eine Steinschleuder zu bauen, benötigen Sie zusätzlich zur Astgabel ein Gummiband, eine starke Schnur und ein Stück Leder. Als Gummizug ist ein Latex-Gummiband für Gymnastikübungen gut geeignet (1). Solche Bänder gibt es in Sportgeschäften zu kaufen. Auch Luftballons eignen sich vom Material her, meistens sind jedoch die Maße nicht optimal. Auch mit in Ringe geschnit-

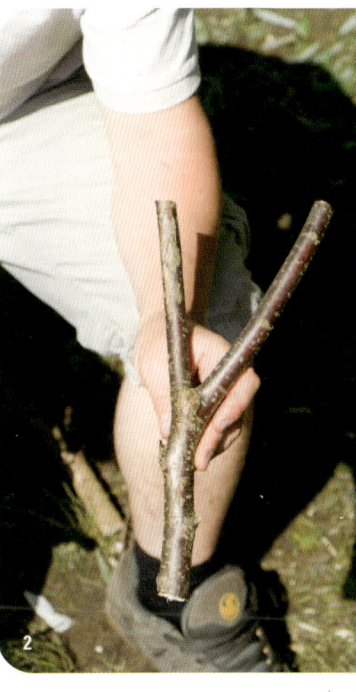

tenen und zusammengeknoteten Fahrradschläuchen lassen sich Steinschleudern anfertigen; diese haben aber meiner Erfahrung nach wesentlich weniger Kraft als Schleu-

dern mit Latexbändern. Als Munitionshalter kann ein Stück dickes, reißfestes Leder dienen (1).

Hauptbestandteil der Schleuder ist eine möglichst symmetrische Astgabel aus Hartholz (2). Am besten stehen die Äste in einem Winkel zwischen 40 und 60 Grad zueinander. Längen Sie die beiden Schenkel auf etwa 14 cm ab (3).

Nach dem Ablängen bringen Sie je zwei Markierungskerben an den Gabelenden an (4), um

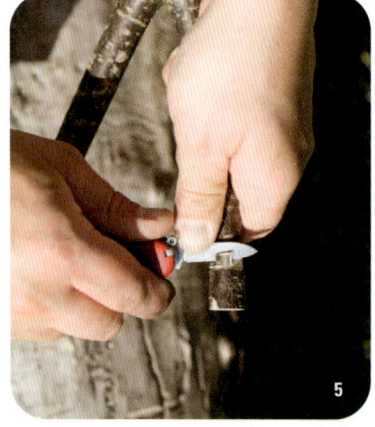

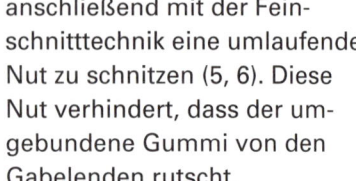

anschließend mit der Fein-
schnitttechnik eine umlaufende
Nut zu schnitzen (5, 6). Diese
Nut verhindert, dass der um-
gebundene Gummi von den
Gabelenden rutscht.

Rollen Sie den Gummizug der
Länge nach ein (7).

Stecken Sie das aufgerollte
Band durch das Loch im Leder
und schlagen es um (8).

Mit einer reißfesten Schnur
werden die Gummibänder
zusammengebunden. Dabei ist
es hilfreich, wenn eine zweite
Person beim Abbinden hilft,
denn es ist wichtig, den
Gummi beim Binden zu
straffen. Schlagen Sie die
Schnur mehrmals mit viel
Spannung um das Gummi-
band und sichern Sie die Wicklung mit einem Knoten ab (9).

Den zweiten Gummizug befestigen Sie auf dieselbe Weise
auf der anderen Seite des
Munitionshalters.

Spannen Sie zum Schluss die Schleuder mehrmals (12) und prüfen, ob beide Gummizüge gleich stark sind und ob die Abbindungen sicher halten. Gut Schuss!

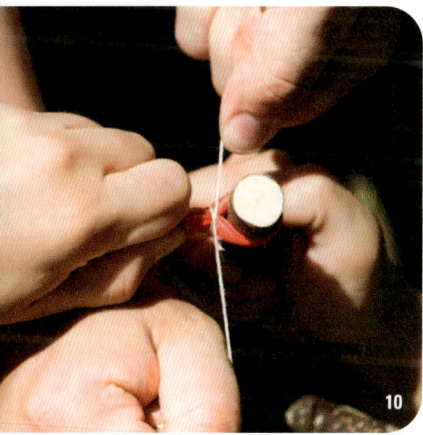

Nun legen Sie das aufgerollte Gummiband um die Kerbe des einen Schenkels und schlagen es um. Auch hier wird das Gummiband – wiederum in gespanntem Zustand – mit Schnur abgebunden (10).

Befestigen Sie den Gummi auf dieselbe Weise auch am zweiten Schenkel (11). Beide Gummizüge müssen exakt dieselbe Länge aufweisen.

Achtung!

Mit einer solchen Latexband-Schleuder erreicht man problemlos eine Distanz von 100 m. Wie anfangs erwähnt, gelten im Umgang damit folgende Sicherheitshinweise:
– Niemals auf Lebewesen zielen!
– Nur in weitläufigem und gut überschaubarem Gelände trainieren – am besten auf eine Zielscheibe schießen.

Klangstab

Der Klangstab gehört zur Instrumentengruppe der Holzklinger (griech. »Xylophon«; *xylon* heißt Holz, *phone* klingen). Der hier vorgestellte Klangstab ist im Grunde ein einfacher Ast, der durch Anschlagen in Schwingung versetzt wird. Wird er dabei einfach an irgendeiner Stelle gehalten, ertönt nur ein dumpfes Klacken. Das Geheimnis des Klanges verbirgt sich hinter einem bestimmten Punkt, an dem der Stab aufgehängt werden muss – dem Schwingungsknoten. An diesem Punkt kreuzen sich die Schwingungslinien, weswegen der Stab dort nicht schwingt. Somit wird der schwingende Teil des Holzes durch die Aufhängung nicht behindert und der Klang kann sich voll entwickeln.

Länge, Durchmesser und Form des Astes beeinflussen den Ton: je länger und dicker der Ast, desto tiefer der Ton. Mehrere verschiedene Klangstäbe zusammen, eine Art Waldxylophon, ergeben ein verblüffendes Klangerlebnis. Mit Geduld und Pioniergeist könnten die Stäbe sogar aufeinander abgestimmt werden.

Für den Bau eines einfachen Klangstabes verwendet man einen gerade gewachsenen Hartholzast, hier einen trockenen Haselast mit einem Durchmesser von 25 mm und einer Länge von 35 cm (1). Wenn möglich sollte das Holz trocken sein – aber auch Frischholz tönt schon erstaunlich gut. Je härter die Holzsorte, desto intensiver der Klang. Das Holzstück sollte zudem frei von Rissen und möglichst ohne Seitenäste sein.

Zuerst schälen Sie den Ast, denn die Rinde ist weicher als das Holz (2). Theoretisch dämpft alles, was weich ist, den Klang. Wenn es sich jedoch nur um eine dünne Astrinde handelt, sind keine gravierenden Klangunterschiede zwischen ungeschälten und geschälten Klangstäben herauszuhören. Es können also auch Verzierungen in die Rinde geschnitzt werden.

Um experimentell den Schwingungsknoten zu ermitteln, halten Sie den Klangstab etwas oberhalb der Mitte zwischen Zeigefinger und Daumen (3).

Lassen Sie den Stab langsam Stück für Stück nach unten gleiten und schlagen fortwährend daran. Dort, wo der Stab am besten klingt, befindet sich der Schwingungsknoten. Jeder Klangstab hat zwei Schwingungsknoten. Rechnerisch liegen sie jeweils um etwa ein Fünftel der Gesamtlänge von beiden Enden entfernt.

Wenn Sie den Schwingungspunkt ermittelt haben (4), bohren Sie an der Stelle mit der Ahle ein Loch (5, 6). Durch das Loch führen Sie ein Ästchen oder eine Schur, an der Sie den Klangstab halten können. Nun ist der Klangstab einsatzbereit (7).

Da das Bohren mit der Ahle umständlich ist und Kraft erfordert, kann beim Herstellen eines Waldxylophons anstelle eines Loches eine umlaufende Kerbe auf der Höhe des Schwingungsknotens geschnitzt werden (8). In der Kerbe können Sie die Äste mit einer Schnur fixieren.

Variationen eines Waldxylophons aus Ästen.

Rohrfeder

Die Rohrfeder (lat. *calamus*) ist ein aus Schilfrohr hergestelltes Schreibgerät, das in der Antike benutzt wurde. Die Rohrfeder nutzten schon die alten Ägypter, die Griechen und Römer. Auf einem Mittelaltermarkt bastelte ich erstmals eigenhändig eine solche Schilffeder. Obwohl die Herstellung kein allzu großer Aufwand ist, war ich von diesem Schreibwerkzeug beeindruckt: Bis ins Mittelalter schrieb man damit nämlich ganze Bücher mit Hunderten von Seiten! So dauerte es natürlich nicht lange, bis ich am nahe gelegenen See Schilf gesammelt hatte, um weitere Rohrfedern herzustellen. Ich beschäftigte

mich auch mit der Herstellung von Tinte. Das ist jedoch eine Wissenschaft für sich. Einfache Möglichkeiten, Tinte selbst herzustellen, finden sich am Ende dieser Projektbeschreibung.

Um das Schilfrohr abzulängen, bringen Sie mit der Feinschnitttechnik an der gewünschten Stelle kleine Schnitte um das ganze Rohr an (1). An dieser Sollbruchstelle können Sie

dann das Rohr abbrechen (2) und mit dem Feinschnitt gegen die Hand vorsichtig glätten. Auf der Seite der Schreibfeder trennen Sie das Rohr mit einem schrägen Schnitt (3). Während des Schneidens drehen Sie die Klinge etwas ab, sodass der Schnitt flacher ausläuft (4).

Nun wird die Spitze etwas gekürzt, damit eine saubere Schreibkante entsteht (5).

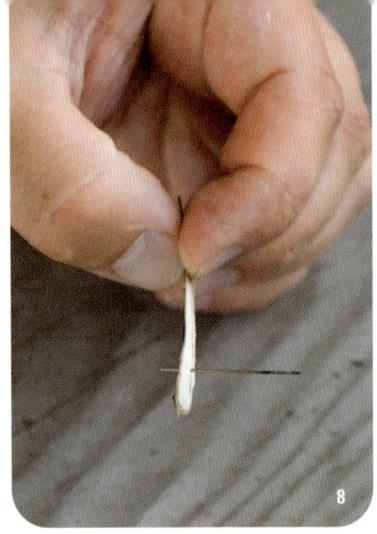

Legen Sie dazu die Feder auf eine flache Unterlage. Für einen sauberen Schnitt muss das Messer sehr scharf sein! Mit der glühenden Spitze einer (Taschenmesser-)Nadel brennen Sie im Abstand von etwa 1 cm zur Spitze ein Loch (6, 7). Um sich nicht die Finger zu verbrennen, kann die Nadel durch einen Holzspan gesteckt werden (8). Dieses Loch dient als kleines Tintenreservoir und verhindert, dass der folgende Einschnitt nach hinten einreißt. Wenn keine Nadel und kein Feuerzeug zur Verfügung stehen, kann das Loch auch mit der Spitze der kleinen Klinge gebohrt werden (9).

Dabei darf nur mit sehr wenig Druck gearbeitet werden. Sobald die Klinge auch nur geringfügig einhakt, reißt das Schilfrohr. Ein auf diese Art hergestelltes Loch wird zwar nicht ganz rund und die Ränder sind etwas ausgefranst, aber es erfüllt seinen Zweck.

Nun wird die Feder im vorderen Bereich gespalten. Setzen Sie dazu die kleine Klinge möglichst flach beim Loch an, kontrollieren, ob der Schnitt in der Mitte der Schreibkante zu liegen kommt, und drücken sie durch (10). Mit vorsichtigen, feinen Schnitten wird der Spalt noch einge-

mittet und die Breite der Schreibkante auf das gewünschte Maß gebracht (11). Die Breite der Schreibkante bestimmt die Strichbreite des Schriftbildes.

Nun ist der Schreiber schon voll funktionsfähig (12). Damit die Feder nicht nach jedem Wort in die Tinte getunkt werden muss, kann noch ein Tintenreservoir angebracht werden. Dazu schneiden Sie mit der kleinen Klinge einen etwa 3 mm breiten und 3 cm langen Streifen aus einer Aludose (13, 14). Dafür könnte auch die Taschenmesserschere zum Einsatz kommen. Den vor-

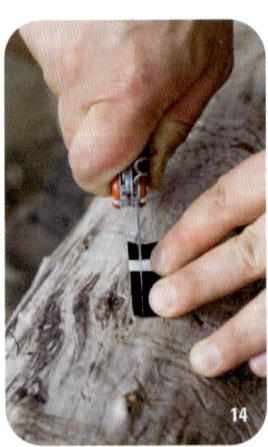

deren Teil des Streifens biegen Sie kreisförmig ein (15). Den umgebogenen Teil des Reservoirs führen Sie so in das Rohr ein, dass das flache Ende über das eingebrannte Loch ragt und auf der Innenseite der Feder anliegt (16, Querschnitt 17).

Für die Tinte können Sie ein paar Beeren verwenden (18), die Sie in der Kammer eines abgeschnittenen Japanknöterichs zerdrücken (19, 20). Ich habe schon Tinte aus Holunderbeeren, Brombeeren und aus der giftigen Einbeere hergestellt. Diese Tinte ist einfach herzustellen, verblasst aber schon nach einigen Wochen.

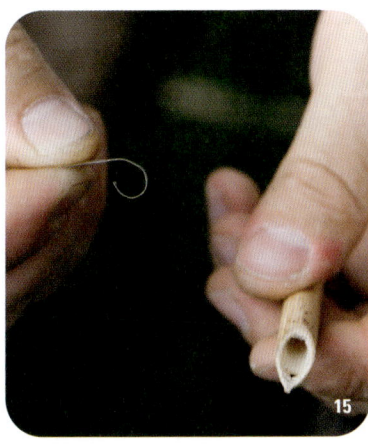

In früherer Zeit wurde, wie der Name schon verrät, aus dem Schopftintling (Coprinus comatus) Tinte hergestellt. Der Schopftintling ist ein weit verbreiteter Speisepilz. Er wächst

auf Wiesen, Äckern und an Wegrändern. Im Laufe der Zeit löst er sich auf und es bleibt lediglich ein schwarzer Farbstoff übrig. Legen Sie jeweils ein paar Schopftintlinge in eine kleine Tasse. Nach ein bis zwei Tagen hat sich der Pilz größtenteils zersetzt und es entsteht eine schwarze Flüssigkeit, die als Tinte verwendet werden kann.

Auch aus der grünen Schale der Walnüsse lässt sich Tinte herstellen: Dazu schneidet man die Schalen klein und kocht sie, bis eine dunkelbraune Brühe entstanden ist. Entfernen Sie die Schalenteile aus der Brühe und dicken Sie den Sud weiter ein, bis eine dunkelbraune Tinte übrigbleibt.

Nun steht einem netten Brief oder einem Tagebucheintrag nichts mehr im Wege.

Speerschleuder

Die Speerschleuder ist eine prähistorische Jagdwaffe, ein Vorläufer des Pfeilbogens. Die Schleuder dient dem Abwurf von dünnen, langen Speeren. Durch die Wurfarmverlängerung erzielen die mit der Schleuder abgeschossenen Speere eine wesentlich höhere Durchschlagskraft und Reichweite als von Hand geworfene Speere. Eine einfache Variante der Speerschleuder ist in kurzer Zeit hergestellt. Die Schlichtheit und Performance dieser Jagdwaffe begeistern mich immer wieder von Neuem.

Für den Bau der Schleuder benötigen Sie einen geraden Ast mit einem Durchmesser von circa 2 cm und einer passenden Astgabelung (1a). Den ersten Sägeschnitt setzt man gleich hinter der Astgabelung an (2). Mit dem zweiten Schnitt wird die Schleuder auf 45–55 cm abgelängt. Kürzen Sie danach das Seitenästchen auf 2–3 cm und spitzen Sie es etwas zu (3, 4). Schon ist die Schleuder fertig (5).

Für den Bau des Speeres benötigen Sie eine möglichst gerade Haselrute von 140–200 cm Länge (1b). Der Durchmesser sollte an der dünnsten Stelle 5–6 mm betragen. Es ist wichtig, dass der Speer flexibel und nicht steif ist. Durch die Schwingung in der Flugphase stabilisiert und beschleunigt sich der Speer nämlich. Der dickere Teil der Haselrute wird später zur Spitze, am dünneren Ende wird die Befiederung angebracht.

Um Gewicht zu sparen, können Sie mit der großen Klinge die Rinde bis zur Mitte abschaben (6). Danach schnitzen Sie die Spitze (7).

Schneiden Sie am hinteren Ende des Speeres mit der Spitze der kleinen Klinge eine kraterförmige Vertiefung in das Holz (8, 9). In diese Vertiefung wird später die Spitze der Schleuder eingelegt (10).

Es gibt verschiedene Methoden, einen Pfeil mit einfachen Mitteln zu befiedern (11). Eine dreifache Befiederung wäre ideal – aber in der freien Natur schwer zu realisieren. Zwei kleine, mit einem Faden auf das Pfeilende gebundene Federn verleihen dem Pfeil im Flug etwas Stabilität (12).

Wenn Klebeband zur Verfügung steht, können Sie mit etwas Geschick auch selbst eine passable Befiederung herstellen. Für eine zweifache Befiederung werden vier 10 cm lange Klebebandstreifen nach außen gefalzt, sodass eine L-Form entsteht. Die unteren Stege der Klebestreifen sollten jeweils circa 5 mm breit sein und auf der Unterseite kleben (13). Je zwei abgewinkelte Klebebandstreifen, an der größeren Klebstoffseite zusammengefügt, ergeben eine T-Form, die auf den Speerschaft geklebt wird (14). Nun wird das Rechteck in Federform geschnitten. Eine Wicklung vor und hinter der künstlichen Feder fixiert diese (15).

Wenn weder Vogelfedern noch Klebeband vorhanden sind, kann eine Art Befiederung aus einem Büschel Gras, Bast oder Rindenstreifen hergestellt werden. Wie das funktioniert, wird beim Projekt »Blasrohr« auf Seite 142 beschrieben.

Die Speerspitze kann gehärtet werden, indem man sie in den Aschehaufen eines Feuers steckt (16). Dort ist die Temperatur nicht zu hoch, und es entstehen keine Flammen. Das im Holz enthaltene Wasser verdampft, wodurch die Spitze härter wird (17). Über dem Feuer können auch gleich die Krümmungen des Speeres gerichtet werden, indem die entsprechenden Stellen vorsichtig erwärmt und in die Gegenrichtung der Krümmung gebogen werden.

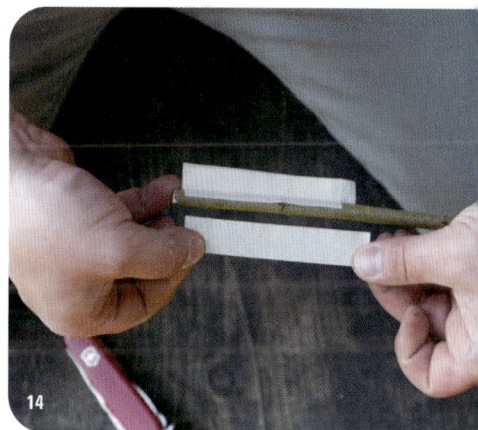
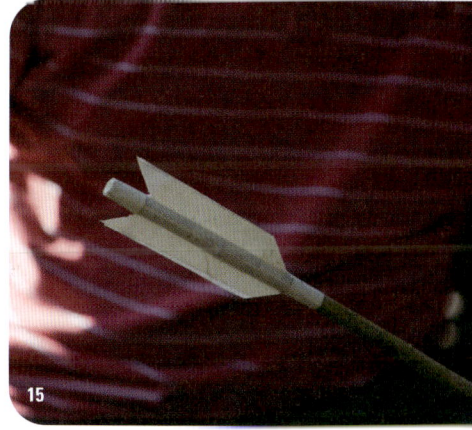

Schusstechnik

Die Spitze der Schleuder wird in die Vertiefung am Speer gelegt. Der Speer wird zwischen Daumen und Zeigefinger gehalten (18). In der ersten Wurfphase ist der Bewegungsablauf genau so, als würde der Speer ohne Schleuder einfach nur von Hand geworfen (19). In dem Moment, in dem die Wurfhand am Kopf vorbeizieht, richten Sie die Schleuder auf und ziehen sie mit einer kräftigen Bewegung nach unten (20). Dabei katapultiert die Schleuder den Speer mit großer Wucht nach vorne. (Unter dem Stichwort »Speerschleuder« findet sich auf dem Youtube-Kanal »Taschenmesserbuch« eine Videosequenz zu dieser etwas anspruchsvollen Schusstechnik.)

Sicherheitshinweise

- Mit der Speerschleuder niemals auf Menschen oder Tiere zielen, auch nicht zum Spaß. Mit dieser Waffe kann man Lebewesen ernsthaft verletzen.
- Mit der Speerschleuder nur auf einem offenen, übersichtlichen Feld oder gegen eine Böschung schießen, über welche die Pfeile nicht hinausfliegen können.
- Sorgen Sie dafür, dass alle Zuschauer immer hinter dem Schützen stehen.

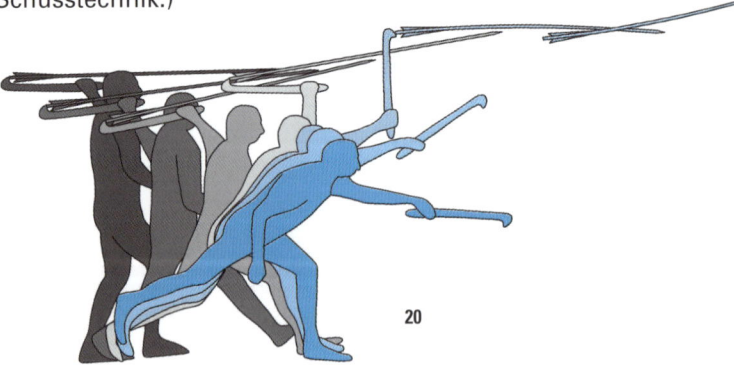

Rindenhorn

Als ich dieses Horn in einem Instrumentenbaukurs kennenlernte, war ich sofort begeistert: Mit geschälter Baumrinde einen Trichter zu wickeln und aus der Rinde eines dünnen Ästchens ein Rohrblatt herzustellen war einfach faszinierend. Zudem ist der Ton dieses Horns unglaublich satt und laut. Es klingt ähnlich wie ein Schiffshorn. Das Rindenhorn ist allerdings ein Instrument

auf Zeit. Sobald das für die Luftschwingung verantwortliche Rohrblatt zu trocken ist, funktioniert das Horn nicht mehr – es sei denn, es wird mit einem frischen Rohrblatt bestückt …

Bevor Sie mit der Herstellung des Trichters beginnen, sollten Sie ein kleines, stabiles Ästchen zu einem 2 mm dicken Spieß schnitzen und es an einem Ende zuspitzen (1, 2). Dieser Spieß wird später zur Fixierung der Rindenwicklung benötigt.

Für den Trichter benötigen Sie einen frisch geschnittenen Ast mit glatter Rinde (möglichst ohne Seitenäste und Verwachsungen), die sich leicht ablösen lässt. Ich habe schon Rindenhörner aus Esche, Weide, Ulme und Ahorn gefertigt. Der Ast sollte mindestens 30 cm lang und einen Durchmesser von etwa 2 cm haben. Um ein größeres Horn zu wickeln, können Sie einen Ast mit wesentlich größeren Abmessungen wählen. Es ist jedoch ratsam, mit einem etwas kleineren Rindenhorn zu beginnen. Im Frühling, wenn der Pflanzensaft in der Rinde ansteigt, ist die Rinde besonders leicht zu lösen. Im Sommer und Herbst spielen das Klima und der Standort des Baumes eine Rolle, ob sich die Rinde noch abschälen lässt oder nicht. Setzen Sie das Messer in einem Winkel von circa 45 Grad

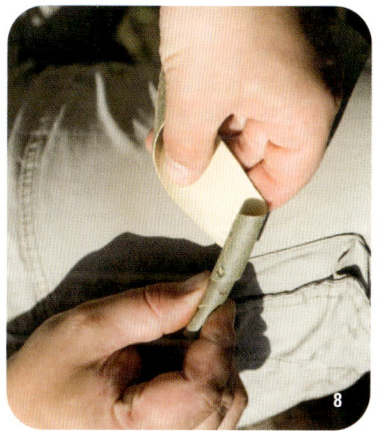

zur Stirnfläche an und schneiden Sie die Rinde des ganzen
Astes in Spiralform bis auf das
Holz ein. Um eine regelmäßige
Spirale zu erhalten, halten Sie
das Messer still und drehen
das Holz (3, 4). Der Rindenstreifen sollte eine Breite von
3–4 cm haben.

Schälen Sie vorsichtig die
Rinde ab. Sie soll möglichst
nicht einreißen (5). Vor Hinder

nissen wie kleinen Ästchen
oder Verwachsungen halten Sie
die Rinde zwischen Daumen
und Zeigefinger und lösen sie
besonders vorsichtig (6). Wenn
trotz aller Vorsicht ein kleiner
Riss oder ein Löchlein entstehen sollte, so ist das jedoch
nicht weiter tragisch. Nach dem
Lösen der Rinde (7) klappen Sie
die Ahle Ihres Taschenmessers
auf und legen das Messer und
den Spieß neben sich bereit,

Nun beginnen Sie mit dem
Aufwickeln. Drehen Sie den
Anfang der Rinde so ein, dass
die Öffnung einen Durchmesser von etwa 4–6 mm hat (8).
Hier stecken Sie später das
Rohrblatt hinein. Achten Sie
beim Wickeln darauf, dass Sie
jeweils die Hälfte bis zwei Drittel der vorhergehenden Wicklung überdecken. Wickeln Sie
die Rinde möglichst straff. So
entsteht der Trichter (9). Die

Wicklung kann auch nachträglich gestrafft werden, indem die Wicklungen stärker ineinander verdreht werden.

Damit sich die Wicklung nicht wieder löst, stecken Sie das vorbereitete Spießchen durch die Wandung. Dafür bohren Sie mit der Ahle ein kleines Loch vor (10). Da die Rinde anfällig für Risse ist, sollte das Loch nicht zu nahe am Rand angebracht werden. Winden Sie den Spieß in das erste Löchlein (11). Danach bohren Sie gegenüber mit der Ahle ein zweites Löchlein und schieben den Spieß ganz hindurch (12). Wenn Sie große Trichter bauen, können Sie auch mehrere Sicherungsspieße anbringen.

Für das Rohrblatt benötigen Sie ein Ästchen mit einem Durchmesser von 4–6 mm. Schnitzen Sie den Anfang des Ästchens sauber. Danach schneiden Sie etwa 3 cm vom Rand entfernt die Rinde rundherum bis auf das Holz ein (13). Legen Sie das Ästchen auf eine glatte Unterlage und lösen Sie das abgetrennte Rindenstück vom Kernholz, indem Sie die Rinde auf der gesamten Länge gefühlvoll mit der Griffschale des Taschenmessers durchklopfen (14). Nachdem Sie rundherum fleißig geklopft haben, sollte sich die Rinde mit

einer Drehbewegung lösen lassen (15). Klopfen Sie nochmals eine Runde, wenn sich die Rinde nicht ablösen lässt. Wenn das Holz nicht optimal im Saft steht, kann dieser

Arbeitsschritt durchaus einige Minuten in Anspruch nehmen. Seien Sie also geduldig.

Das abgezogene Rindenrohr spalten Sie bis zur Mitte (16) und schieben es in die Öffnung des Rindenrohrtrichters, bis nur noch die gespaltene Seite herausragt (17, 18). Nun ist das Rindenhorn fertig und wartet nur noch auf kräftige, spielfreudige Lungen.

Spieltechnik

Nehmen Sie das Horn so weit in den Mund, bis das Rohrblatt hinter den Lippen liegt, und blasen Sie kräftig ins Horn. Meistens erklingt das Horn nicht auf Anhieb und man muss am Rohrblatt noch etwas herumdrücken und herumexperimentieren, bis ein Ton erklingt. Ich beiße das Rohrblatt noch vorsichtig mit den Zähnen flach und drücke es mit den Fingern wieder in die ursprüngliche Form. Ich habe zwar keine Ahnung, was das genau bewirkt – vielleicht werden die beiden gespaltenen Zungen dadurch etwas geschmeidiger –, aber so funktioniert es meistens. Auch dieser Schritt benötigt manchmal etwas Ausdauer. Fertigen Sie ein neues Rohrblatt an, wenn es auch nach längerem Experimentieren nicht klappen sollte.

Schilfflöte

Eine Schilfflöte sah ich zum ersten Mal im Atelier eines befreundeten Klangkünstlers. Dieser spielte derart schön auf dieser kleinen Flöte, dass ich Gänsehaut bekam. Es ist unglaublich, welche Töne und Melodien man einem einfachen Schilfrohr entlocken kann – wenn es vorher richtig zurechtgeschnitten wurde. Die Schilfflöte ist eines meiner Lieblingsprojekte.

Für die Herstellung einer Schilfflöte eignet sich ein abgestorbener und trockener Schilfhalm. Ich verwende

Schilfrohre mit einem Durchmesser von 7–12 mm. Wählen Sie ein unverletztes Rohrsegment zwischen zwei Knoten aus und entfernen Sie die abschälbare Außenhaut (1). Das Stück, das schließlich benötigt wird, ist auf einer Seite offen und auf der anderen durch einen Segmentknoten luftdicht abgeschlossen (siehe 5).

Da trockenes Schilf zu spröde ist, um es mit der Taschenmessersäge abzulängen, schneiden Sie mit der Feinschnitttechnik kleine Einkerbungen rund um das Rohr (2). So entsteht eine Art Sollbruchstelle, an der das Schilfrohr durchgebrochen werden kann (3).

Die ausgefransten Bruchstellen schneiden Sie vorsichtig flach (4).

Zunge schwingt beim Blasen hin und her und verschließt und öffnet dabei den Lufteinlass. Die Luftsäule wird so zum Schwingen gebracht.

Die Zunge in das Schilfrohr zu schneiden, erfordert höchste Sorgfalt. Setzen Sie 3–4 cm unter dem Segmentknoten mit der kleinen Klinge zu einem Schrägschnitt an (9). Dabei bewegen Sie mit dosierter Kraft die Schneide hin und her, bis ein Anschnitt erfolgt. Sehr vorsichtig schneiden Sie so weiter, bis Sie etwa ein Drittel des Durchmessers eingeschnitten haben.

Setzen Sie nun die Messerspitze exakt an einem Endpunkt des Schrägschnittes an und wippen die Schneide vorsichtig ins Material (10). Nehmen Sie sich genügend Zeit für diesen Arbeitsschritt.

die Häutchen aus dem Schilfrohr heraus.

Dazu spalten Sie lange Spieße von einem Schilfrohr ab (7). Diese Spieße sollten länger sein als die Flöte, damit die Innenwandung bis zum Knotenboden gereinigt werden kann.

Stecken Sie nun vorsichtig den Spieß in das Schilfrohr und drehen ihn, bis kein ausgekratztes Material mehr aus der Öffnung kommt (8).

Die Tonerzeugung bei der Schilfflöte basiert auf demselben Prinzip wie bei Klarinette oder Saxophon. Eine

Der Blick in ein aufgespaltenes Schilfrohr zeigt, dass die Innenwand mit dünnen Häutchen überzogen ist, die bei der Tonentwicklung hinderlich sind (6). Darum kratzen Sie

Es ist wichtig, dass dabei kein Span ausbricht, da sonst die Klappe nicht mehr dicht schließt.

Die ausgeschnittene Zunge können Sie nun vorsichtig mit der Klinge anheben (12) und einen Holzspan dazwischenklemmen (13).

Damit die ausgeschnittene Zunge beim Anblasen in Schwingung kommen kann, muss die Zunge im Ruhezustand leicht abstehen. Dies erreichen Sie, indem Sie die Oberfläche der Zunge durch vorsichtiges Schaben schwächen (14). Das Schaben erfolgt ab dem Segmentknoten bis 1 cm vor dem Zungenende.

Nun entfernen Sie den Klemmspan. Wenn die Zunge auch ohne dessen Hilfe etwas absteht (15), probieren Sie, ob

Bei zu viel Kraftaufwand besteht die Gefahr, dass die Schneide unkontrolliert durchbricht und die Gegenwandung durchsticht. Wenn die Klingenspitze ins Material eingetaucht ist, ziehen Sie den Schnitt bis einige Millimeter vor den Segmentknoten weiter.

Auf der gegenüberliegenden Seite des Schrägschnittes wiederholen Sie diesen Schritt (11).

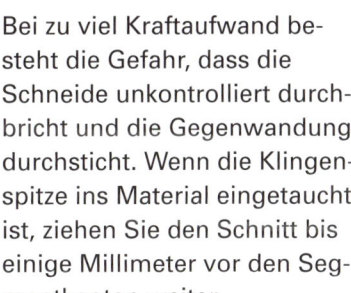

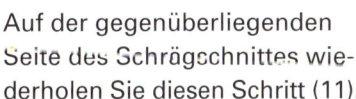

Sie schon einen Ton erzeugen können. Dazu nehmen Sie die Flöte so weit in den Mund, dass die ausgeschnittene Zunge vollständig hinter den Lippen verschwindet. Schließen Sie nun den Mund und blasen Sie verschieden stark ins Rohr. Falls noch kein Ton erklingt, reinigen Sie den Innenraum des Rohres nochmals gründlich mit dem Spieß. Wenn das nicht reicht, schie-

Falls die Zunge zu schwach ist und beim Anblasen gleich schließt, ohne dass sie sich durch die Federkraft wieder öffnet, kann sie mit einem Feuerzeug ganz kurz erwärmt werden (16). Dadurch biegt sich die Zunge etwas nach außen. Aber Vorsicht: Wenn sich die Zunge zu stark biegt, ist die Flöte ebenfalls unbrauchbar, und es muss neu begonnen werden.

Als Nächstes kommen die Grifflöcher an die Reihe. Die Löcher so zu platzieren, dass eine abgestimmte Tonleiter entsteht, ist sehr schwierig. Die Abstände und Größe der Löcher könnte man theoretisch berechnen, doch das würde den Rahmen dieser Anleitung sprengen. Mir genügt es, wenn ich auf der Flöte eine Melodie mit verschiedenen Tönen spielen kann.

Das Bohren der Löcher mit der Ahle würde die Flöte spalten. Mit einem glühenden Nagel oder einem glühenden Draht können die Löcher jedoch einfach und sauber eingebrannt werden. Wenn keine Wärmequelle und kein Draht zur Verfügung steht, können die Löcher mit der Klinge geschnitten werden.

ben Sie den Klemmspan erneut unter die Zunge und schwächen die Zunge weiter. Diesen Vorgang wiederholen Sie, bis sich ein Ton erzeugen lässt.

Setzen Sie dazu das Messer an der gewünschten Stelle an und arbeiten sich mit mehreren kurzen Schnitten Zehntelmillimeter um Zehntelmillimeter tiefer vor (17). Nach 3–4 Schnitten wenden Sie die Flöte und lösen die Späne von der anderen Seite (18). Mit der Feinschnitttechnik arbeitet man sich Schicht für Schicht vor.

Diesen Vorgang wiederholen Sie, bis die Wandung durchbrochen ist.

Mit der Klingenspitze durchstechen Sie das oft noch vorhandene Häutchen (19) und bringen das Loch vorsichtig in Form (20). Diesen Vorgang wiederholen Sie für jedes gewünschte Loch.

Mit einem Feuerzeug können die entstandenen feinen Späne vorsichtig abgebrannt werden (21).

Die Anzahl der Löcher ist frei wählbar und auch abhängig von der Länge der Flöte. Ich

schnitze meistens 4–5 Löcher. Das unterste Loch sollte man 3–4 cm vom Rohrende entfernt ansetzen. Danach wähle ich jeweils einen Abstand von etwa 2 cm zwischen den Löchern. Zwischen der Zunge und dem obersten Loch lässt man mindestens 5 cm Abstand, damit genügend Platz vorhanden ist, um mit den Fingern alle Löcher zu greifen. Das Endprodukt könnte etwa so aussehen (22).

Mit etwas Übung und Fantasie lassen sich auf der Schilfflöte Melodien erfinden und nachspielen – wer erkennt sie?

Schwirrholz

Das Schwirrholz ist ein sehr altes und eigentümliches Instrument, das man in verschiedenen Kulturen kennt. In Australien bei den Aborigines werden Schwirrhölzer zur Kommunikation mit den Ahnen eingesetzt.

Ein Schwirrholz ist einfach herzustellen. Es besteht lediglich aus einem flachen, spatelförmigen oder ovalen Stück Hartholz. Dieses wird an einer Schnur befestigt und über dem Kopf oder seitlich am Körper im Kreis geschwungen. Dabei entsteht ein summendes, brummendes Geräusch.

Für ein Schwirrholz verwende ich am liebsten ein möglichst dichtes beziehungsweise schweres Hartholz. Dieses bereits flache Stück Buchenholz (1) fand ich neben aufgestapelten Baumstämmen an einem Forstplatz. Oft lassen sich auch bei abgebrochenen Baumstämmen passende Rohlinge finden. Damit das Schwirrholz genug Schwungmasse aufbringt, sollte man die Maße von 25 x 4 cm nicht unterschreiten.

Ein geeigneter Rohling (1) wird zurechtgesägt und -gespaltet, und mit der großen Klinge werden die gröbsten Unebenheiten entfernt (2). Für größere Korrekturen, wenn beispielsweise der Rohling viel zu dick ist, lohnt sich eventuell die Verwendung eines Spaltkeils (siehe Seite 26/27).

Reduzieren Sie die Dicke Ihres Rohlings auf etwa 10 mm (3) und geben Sie dem Rohling die Form eines langgezogenen Regentropfens (4).

Die Kanten werden abge-
rundet, die Oberfläche etwas
gewölbt (5–7). Diese Arbeitsschritte dienen mehr der Optik
als der Funktion, denn schon
ein Holzlineal mit Loch kann
als Schwirrholz verwendet
werden.

Die Oberfläche kann mit der
Schabtechnik geglättet werden (8).

Mit der Ahle bohren Sie am
abgerundeten Ende ein Loch
(9) und schrägen die Ränder
mit der kleinen Klinge etwas
ab (10, 11).

Wenn das Schwirrholz mit
hoher Geschwindigkeit rotiert
und dabei die Schnur reißt,
kann dies fatale Folgen haben.
Deshalb ist eine starke Schnur
unerlässlich! Falls bloß eine
dünne Schnur vorhanden ist,
dreht man daraus eine stabile
Kordel (12, 13).

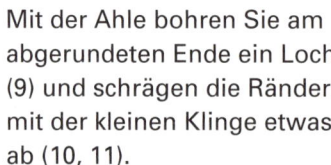

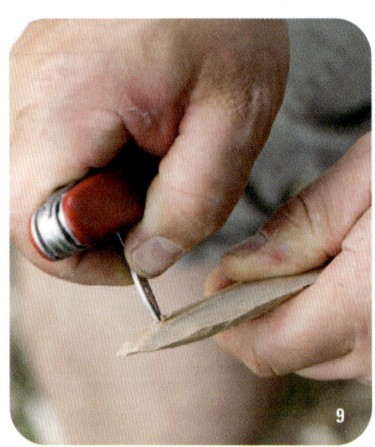

Wichtig

Um niemand zu gefährden, darauf achten, dass rundherum genügend Platz frei ist. Ein Schwirrholz mit voller Wucht an den Kopf zu bekommen, kann böse Folgen haben.

Zur Entstehung des Geräusches

Bei hoher Geschwindigkeit beginnt sich das Holz um die eigene Achse zu drehen und verdrillt so die Schnur. Wegen der entgegenwirkenden Kraft dreht sich die Schnur nach einer Weile nicht weiter ein, sondern wickelt sich plötzlich wieder auseinander. So ändert sich auch die Drehrichtung des Holzstücks. Dabei erklingt auch ein anderes Geräusch. So wechselt die Drehrichtung hin und her. Die Form des Schwirrholzes und die Drehgeschwindigkeit beeinflussen den Klang ebenfalls.

Um das Schwirrholz sicher an der Kordel zu befestigen, wende ich den Palstek (auch Ankerstich oder einfache Rettungsschlinge genannt) an (14a–d).

Als Starthilfe kann die Schnur von Hand etwas vorgedrillt werden.

Und schon kann's losgehen! Mal sehen, wie lange sich Handys, Telefon und Internet als Kommunikationsmittel noch halten können …

Segelboot

An Fluss- und Seeufern finden sich oft Ansammlungen von Treibholz (1). Gespaltene Äste oder Stämmchen, die schon etwas verrottet, jedoch wieder getrocknet und darum weich und leicht sind, sind das ideale Material für den Rumpf eines Segelbootes (2). Auch große Rindenstücke der Kiefer oder flache, brettähnliche Splitter eines geknickten, umgestürzten Baumes eignen sich gut.

Segelboote sind bei Kindern sehr beliebte Bastelobjekte und Spielzeuge. Mit einer schönen Feder oder einem Blatt als Segel gleiten sie wie ihre großen Vorbilder majestätisch übers Wasser.

Die schmalen Wandungen zwischen den Löchern durchbrechen Sie, indem Sie die Ahle wieder in die Löcher stecken und abkippen. Mit der kleinen Klinge schnitzen Sie die Übergänge glatt und vergrößern die Nut, bis der Stein eingepresst werden kann (6). Je weiter der Stein ins Wasser ragt, desto tiefer liegt der Schwerpunkt und dementsprechend stabiler treibt das Schiff im Wasser. Wenn der Stein von alleine noch nicht genügend hält, kleben Sie ihn mit Harz fest. Dafür legen Sie einige Klümpchen Harz um den Kiel, erwärmen sie mit dem Feuerzeug (7), pressen sie fest in die Ritzen und bilden eine Wulst um den Stein.

Mit der Ahle bohren Sie auf der Oberseite des Schiffsrumpfes ein Loch (8), in das Sie den gestutzten Federkiel

Mit der großen Klinge wird der Schiffsrumpf geschnitzt. Eine symmetrische Form ist Voraussetzung dafür, dass das Schiff im Wasser einigermaßen geradeaus fährt (3, 4).

Damit das Segelschiff stabil im Wasser liegt und nicht bei jedem Windstoß oder bei jeder Welle kippt, muss ein Kiel angebracht werden. Suchen Sie dafür einen länglichen, schmalen Stein, den Sie auf der Unterseite des Bootrumpfes in eine Nut pressen. Um diese Nut anzubringen, bohren Sie mit der Ahle einige Löcher hintereinander in die Mitte der Rumpfunterseite (5).

einer Vogelfeder stecken (9). Um die Fahrtrichtung beizubehalten, benötigt das Schiff noch ein Ruder (10). Es besteht aus einem Aststück, das mit der großen Klinge flachgeschnitzt wird. Um das Ruder am Heck zu befestigen, bohren Sie schräg von unten mit der Ahle ein Loch ins Heck. In dieses Loch pressen Sie das passend ausgedünnte Oberteil des Ruders (11).

Bild 11 zeigt eine Segelboot-Variante mit einem Rumpf aus Kiefernrinde. Bei diesen Booten erblasst selbst das Alinghi-Team vor Neid! (11, 12)

Wer keine Vogelfeder findet, der kann für das Segel auch ein Blatt verwenden. Hier wurde ein Blatt des Wolligen Schneeballs angebracht (13). Als Mast dient ein Zweig mit einer Gabelung, an der das Blatt vorsichtig eingehängt wurde. Mit einem Faden ist der Blattstiel unten am Mast fixiert. Da ein solches Segel deutlich schwerer ist als ein Segel aus einer Vogelfeder, muss auch der Kiel entsprechend größer und schwerer sein, damit der Kahn nicht kippt.

Chlefeli

Die »Chlefeli« ist ein traditionelles, altes Schweizer Instrument. Unter anderem Namen und mit zum Teil etwas anderen Spieltechniken ist dieses Rhythmusinstrument auch aus anderen Ländern bekannt, zum Beispiel die spanischen Kastagnetten. Zwei Holzbrettchen werden zwischen die Finger geklemmt und durch rhythmisches Abdrehen des Handgelenkes zum Klappern gebracht. Vor allem in der Region des Innerschweizer Städtchens Schwyz, der Heimat von Victorinox, gehören die Chlefeli der Schulkinder zur Fastenzeit. Vom Aschermittwoch bis tief in die Karwoche hinein hört man auf den Straßen, Plätzen und in den Gassen das Klappern der Hartholzbrettchen.

Für Chlefeli verwendet man Hartholz. Traditionell werden häufig Nussbaum und Ulme verarbeitet, andere Harthölzer funktionieren aber auch. Auf der folgenden Fotostrecke wurde ein abgebrochenes, brettförmiges Buchenholzstück verwendet, das bei einem Forstplatz auf dem Waldboden lag.

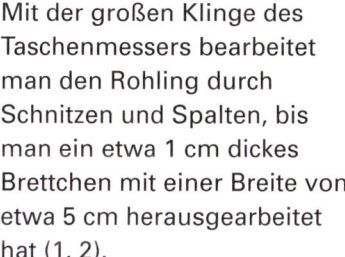

Mit der großen Klinge des Taschenmessers bearbeitet man den Rohling durch Schnitzen und Spalten, bis man ein etwa 1 cm dickes Brettchen mit einer Breite von etwa 5 cm herausgearbeitet hat (1, 2).

Mit der Holzsäge schneidet man ein 25–30 cm langes Stück ab (3) und bearbeitet es auf die gewünschten Außenmaße nach (4). Ein Chlefeli ist etwa 13–15 cm lang, 4–5 cm breit und 1 cm dick.

Dieses bearbeitete Stück wird halbiert (5). Nun hat man die Rohlinge der zwei Chlefeli.

Damit die Chlefeli besser in der Hand liegen und beim Spielen nicht aus der Hand gleiten, werden sie mit einer Griffkerbe versehen. Der Abstand von der Unterkante bis zur Mitte der Griffkerbe sollte 9–10 cm betragen. Wenn man einen Bleistift o. Ä. zur Hand hat, zeichnet man die Griffkerben ein. Die Ausbuchtung schnitzt man am besten in Feinschnitttechnik mit der kleinen Klinge (6).

Nach einigen Schnitten wendet man das Chlefeli und löst die geschnitzten Späne von der anderen Seite. Da das Chlefeli von dieser Seite mit der Feinschnitttechnik kaum mehr zu bearbeiten ist, schnitzt man gegen den Körper weiter (7).

Die letzten beiden Schritte werden so lange wiederholt, bis die Ausbuchtung der Handkerbe ausreichend tief ist (8). Wer nicht gegen den Körper schnitzen will, kann das vermeiden, indem er das 25–30 cm lange Brettchen nicht teilt, sondern die Mitte nur anzeichnet. Danach werden die beiden Griffkerben zur Mitte liegend eingezeichnet und wie beschrieben fertig geschnitzt. So

bleibt genügend Platz, um die Ausbuchtungen von beiden Seiten her mit der Feinschnitttechnik zu schnitzen. Erst danach wird das Brettchen in zwei Teile gesägt.

Zum Schluss werden die scharfen Kanten der Griffkerbe zur besseren Handhabung mit der kleinen Klinge abgeschrägt (9).

Mit verschiedenen Chlefeli-Größen und Holzarten (10) können verschiedene Klänge erzeugt werden. Wenn Sie die Chlefeli im Feuer härten (siehe Projekt »Speerschleuder«, Seite 64) wird der Sound knalliger.

Um die Spieltechnik zu erlernen, braucht es etwas Übung. Das erste Chlefeli wird zwischen Zeige- und Mittelfinger geklemmt und mit dem Daumenballen fixiert. Das

zweite wird locker zwischen Mittel- und Ringfinger festgehalten. Es muss frei hin und her schwingen können (11). Nun werden die Chlefeli durch rhythmische Bewegungen aus dem Handgelenk zum Klappern gebracht. Durch das Auflegen von Ringfinger und kleinem

Finger auf das äußere Chlefeli können verschiedene Tonhöhen und Klangfarben erzeugt werden. Unter www.taschenmesserbuch.ch finden Sie den Link zum Youtube-Kanal dieses Buches, wo Sie sich ein Chlefeli-Tutorial anschauen können.

Floß

Es gibt unzählige Varianten von Modellflößen. Hier wird eine Variante vorgestellt, von der sich auch einfachere Typen ableiten lassen. Verwenden Sie möglichst trockenes, leichtes Holz, damit das Floß viel Auftrieb im Wasser erhält. Für das Zusammenbinden der Einzelteile benötigen Sie rund 10 m Schnur.

Auf Bild 1 sehen Sie die Hölzer, die für das Grundgerüst eines Floßes mit einer Grundfläche von 20 x 30 cm nötig sind:
– zwei dünne Quermasten für das ausgebreitete Segel
– ein Hauptmast (Durchmesser 10–15 mm, Länge ca. 35 cm)
– acht Längsstämme (Durchmesser 25–30 mm, Länge ca. 30 cm)
– zwei Querstämme (Durchmesser 20 mm, Länge ca. 25 cm)

Wenn das Material vorbereitet ist, kann der Floßbau beginnen, und zwar mit dem Zusammenbinden der Grundfläche (2).

Dazu verwenden Sie den Würgeknoten (Constrictor knot, siehe Bildstrecke a–f).
Dieser Knoten ist nicht ganz einfach zu knüpfen, dafür hält er aber ausgezeichnet. Wer sein Floß nicht für die Ewigkeit bauen will, kann sein Grundgerüst auch mit einem einfacheren Knoten zusammenknüpfen.

Die mittleren Holme versehen Sie mit einer kleinen Kerbe, in welcher der Mast zu stehen kommt (3). Sägen Sie auch eine V-förmige Einkerbung am Ende der Mittelholme, dort wird später das Steuerruder angebracht.

Jetzt spannen Sie den Mast um die Querholmen in alle vier Ecken. Bei diesem Arbeitsschritt kann es eine große Hilfe sein, wenn eine zweite Person den Mast festhält, während Sie knüpfen (10).

Schließlich können Sie die Bindung mit einigen Sicherungsknoten absichern (4) ...

... und mit dem Knüpfen des zweiten Querbalkens beginnen (5).

So sieht das fertige Grundgerüst von oben (6) ...
... und von unten aus (7).

Knüpfen Sie nun am Heck des Floßes einen weiteren, in der Mitte verjüngten Querbalken an (8, 9). Daran wird später das Ruder befestigt. Bevor Sie den Mast in die vorgesehene Kerbe stellen, binden Sie die mittleren beiden Balken am Mastfuß nochmals zusammen.

Um den Mast jederzeit nach-
spannen zu können, können
Sie den Spanner- oder Fuhr-
mannsknoten benutzen (11).
Aus einem Plastiksack fertigen
Sie ein Segel (12). Wer kein
Plastik verwenden will, kann
sein Segel auch aus Stoff,
Papier oder großen Pflanzen-
blättern basteln.

Mithilfe der Taschenmesser-
ahle nähen Sie das Segel um
den Quermast (13, 14). Diesen
befestigen Sie anschließend
am Hauptmast (17). Zur weiteren Fixierung des Segels
können Sie am unteren Rand
des Segels einen dünnen Ast
durch die Ecken des Segels

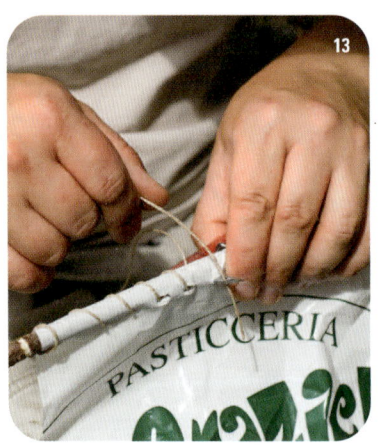

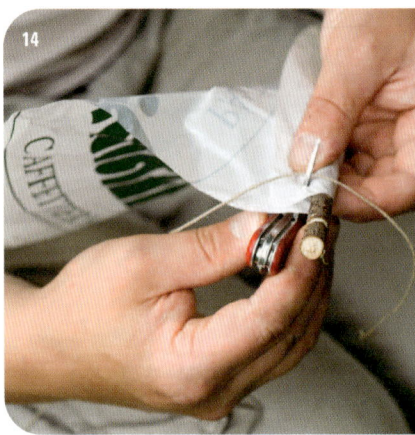

stoßen und ihn mit dem hinteren Querholm verbinden
(17).

Aus einem gebogenen Ast
lässt sich gut ein flaches
Ruder schnitzen, das Sie am
oberen Querholm festbinden
(15, 16). Dieses Ruder gewährleistet, dass das Floß geradeaus fährt.

Ich hoffe, Sie erleben mit
Ihrem Floß genauso span-
nende Abenteuer wie Tom
Sawyer und Huckleberry Finn.
Es muss ja nicht gleich auf
dem Mississippi sein.

16

17

Windrad

Ein Freund von mir erzählte mir, wie er an einem Kindergeburtstag mit Kindern aus Vogelfedern Windräder gebaut hatte. Die Kinder waren von den Rädern sehr angetan, obwohl sie »nur« aus Holz und Federn waren und nicht so farbenfroh daherkamen wie jene aus dem Spielwarengeschäft. Aber dafür konnten sie ihr Windrad selbst bauen. Solche Erlebnisse bleiben Kindern in Erinnerung und die Freude am Resultat dauert an.

Federn sind der wichtigste Bestandteil dieses Windrads. Es sollten 4–6 Federn sein, die in etwa gleich groß sind. Vogelfedern findet man manchmal auf dem Waldboden verstreut, wenn ein Vogel Opfer eines Raubtieres wurde. Manchmal werden auch an Ufern von Gewässern Federn angeschwemmt. Natürlich kann man auch einen Bauern danach fragen, der Hühner, Gänse oder anderes Geflügel hält.

Wählen Sie als Haltestange einen Ast, der mindestens 15 cm länger ist als die längste Feder. Der Durchmesser sollte etwa 2 cm betragen (1). Bohren Sie mit der Ahle ein Loch – möglichst rechtwinklig zum Stab (2). Das Loch sollte leicht konisch sein, was sich von selbst ergibt, wenn die Ahle nicht in voller Länge durchgedreht wird. Damit der Ast nicht spaltet, halten Sie einen Abstand von etwa 3 cm vom Astende ein (3).

Nun suchen Sie ein gerades Ästchen mit 6–8 mm Durchmesser für die Achse, schnitzen es glatt und spitzen es am einen Ende leicht konisch an (4). Drehen Sie die Achse in das Loch, bis sie festsitzt (5).

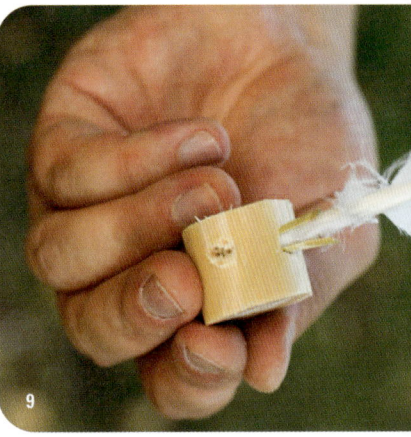

Wenn etwas Harz oder Leim zur Verfügung steht, empfehle ich, diesen Vorteil zu nutzen. Eine lediglich gesteckte Achse löst sich mit der Zeit, weil Holz im Durchmesser stärker schwindet als in der Faserrichtung. Sie muss darum immer wieder neu eingepresst werden.

Wenn Sie einen Ast finden, bei dem ein Seitenzweig rechtwinklig entsprießt, ist das natürlich die optimale Lösung, und Sie können sich die ersten Arbeitsschritte sparen. Die Achse hält so noch besser!

Als Distanzring stecken Sie einen etwa 4 cm langen, ausgehöhlten Holunderast auf die Achse (6).

Nun stellen Sie die Nabe her. Dazu längen Sie einen 15–20 cm langen Holunderast ab. Der Durchmesser des Astes sollte je nach Federngröße und Durchmesser der Achse 2–4 cm betragen. Bohren Sie mit der Ahle die entsprechende Anzahl Löcher, in welche die Federn gesteckt werden. Dabei halten Sie mindestens 5 cm Abstand vom Astende, um die Gefahr des Spaltens zu verringern (7). Erst wenn die Löcher gebohrt sind, längen Sie die Nabe auf die Länge von 3–4 cm ab (8).

Achten Sie beim Bohren darauf, dass die Löcher schön regelmäßig angeordnet und nicht zu tief gebohrt sind. Nur die Spitze der Ahle sollte die Wandung des Achsloches durchbrechen. Wenn die eingesteckten Federkiele ins Achsloch ragen, wird das Rad blockiert.

Setzen Sie nun die Federn in einem Winkel von etwa 45 Grad zur Radachse in die Nabe (9). Die Federn müssen alle in dieselbe Richtung abgedreht sein – wie bei einem Turbinenrad. Wenn die eingesteckten Federn wieder herausfallen, können Sie noch Harz an die Kiele schmieren oder sogar zusätzlich kleine Keile ins Loch drücken (9). Die Federn halten natürlich länger, wenn sie geleimt werden.

Aus einem weiteren Stück Holunder fertigen Sie schließlich den Endstopfen (10), der auf der Achse festgepresst wird (11). Nun ist das Windrad betriebsbereit, und es muss lediglich auf den nächsten Windstoß gewartet werden (12).

Das Bild 13 zeigt eine alternative Variante zur Befestigung

der Federn. Dabei werden mit der Holzsäge drei Einschnitte, die in einem Winkel von 60 Grad zu einander stehen, in die Stirnseite der Nabe geschnitten. Die Nutbreite wird

dem Durchmesser der Federnkiele angepasst, so dass die Kiele in der Nut klemmen. Mit Harztropfen (siehe Bild 22 auf Seite158) oder Leim werden die Federn zusätzlich fixiert.

Gabel

Für ein Outdoor-Fondue auf dem Feuer schnitzten wir armlange Fonduegabeln, mit denen wir von unseren Sitzen aus bequem das Brot in den geschmolzenen Käse tauchen konnten.

Die fertige Gabel (1) besteht aus drei Teilen: Griff (a), Gabelstiel (b) und Gabelzinken (c).

Als Rohmaterial können Sie eine Haselrute mit 12–20 mm Durchmesser verwenden (2). Auch andere ungiftige und geschmacksneutrale Holzarten wie Birke, Ahorn, Fichte oder Buche sind geeignet. Um beim Schnitzen des Gabelstiels das Werkstück auf der Seite der Zinken besser halten zu können, fügen Sie beim Absägen des Rohlings 6 cm zur gewünschten Endlänge der Gabel hinzu. Je nach Verwendungszweck der Gabel variiert die

Gesamtlänge; für ein Fondue oder zum Braten von Marshmallows darf sie durchaus 40–60 cm lang sein.

Stiel

Schnitzen Sie mit der Feinschnitttechnik zwei Markierungsringe, die den Beginn und das Ende des Gabelstiels anzeigen (3, 4).

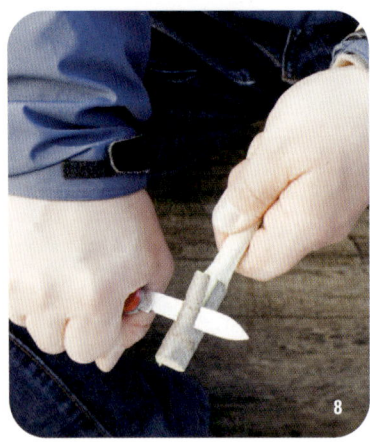

Die beiden Ringe werden circa 10 cm von den Enden angebracht.
Schnitzen Sie danach von beiden Seiten her mit dem Grobschnitt den Gabelstiel auf den gewünschten Durchmesser (5, 6).

Zinken

Wenn der Stiel genügend ausgedünnt ist, sägen Sie die 6 cm Zugabe auf der Seite der Gabelzinken vorsichtig ab (7). Schnitzen Sie nun mit der großen Klinge von beiden Seiten die Fläche, aus der die Zinken herausgearbeitet werden sollen (8). Wenn die Materialstärke an der Spitze noch 1–2 mm beträgt (9), folgt der nächste Arbeitsschritt.

In die entstandene Fläche bohren Sie mittig etwa 3,5 cm vom Ende mit der Ahle ein Loch. Hier ist Vorsicht geboten: Das Holz darf dabei nicht spalten (10).

Stützen Sie nun die Gabel auf eine Holzunterlage und schneiden mit der kleinen Klinge, ähnlich wie mit einem Cutter, vorsichtig den V-förmigen Zwischenraum zwischen den Zinken heraus (12, 13). Damit dies gelingt, ist etwas Geduld und

Griff

Um die Gabel aufhängen zu können, bohren Sie mit der Ahle am Griff ein Loch, durch das Sie später ein Lederband ziehen können. Das Ende des Griffes schrägen Sie etwas ab. Außerdem kann natürlich der Griff mit beliebigen Mustern versehen werden. Ihrer Kreativität sind hier keine Grenzen gesetzt (15). Guten Appetit!

Feingefühl gefragt. Wenn Sie einen Stift zur Verfügung haben, ist es eine Hilfe, wenn Sie erst beidseitig die Schnitzlinien der Zinken einzeichnen (11).

Mit der kleinen Klinge schnitzen Sie dann die Kanten der Zinken rund und spitzen sie etwas an (14).

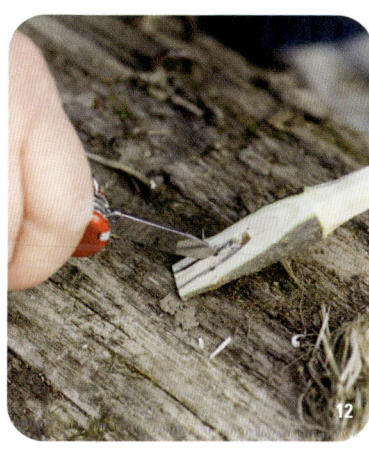

Katamaran

  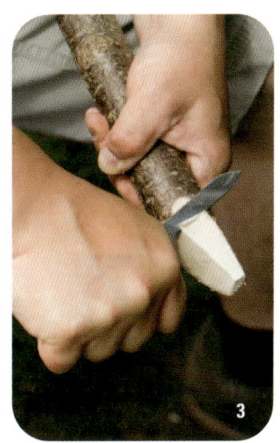 

Ein Katamaran ist ein Boot mit zwei schmalen Rümpfen, die miteinander verbunden sind. Im Gegensatz zu Schiffen mit nur einem Rumpf zeichnen sich Katamarane dadurch aus, dass sie breiter sind und darum sehr stabil auf dem Wasser liegen. Katamarane brauchen deswegen keinen Kiel und haben ein verhältnismäßig geringes Gewicht.

Die Hauptelemente bilden die beiden Rümpfe. Dazu verwendet man zwei gerade gewachsene Äste mit einem Durchmesser von 3–4 cm und einer Länge von rund 30 cm (1). Damit das Boot genug Auftrieb erhält, verwendet man gerne leichtes, trockenes Holz wie Linde, Weide oder Pappel. Für die folgende Fotostrecke hatte ich nur trockene Haselstöcke zur Verfügung, die auch

funktionieren, jedoch härter zu schnitzen sind.

An beiden Rümpfen schnitzt man zuerst den Bug (2–4). Aus einem etwa 2 cm dicken und 20 cm langen Ast stellt man die beiden Verbindungselemente her. Dazu spaltet man den Ast (5) und verjüngt die Enden der Asthälften auf etwa 15 mm (6, 7). Diese legt man auf die Bootsrümpfe,

An den markierten Stellen sägt man 5 mm tiefe Einschnitte (10). Diese Einschnitte sollten überall gleich tief sein und parallel zueinander liegen. Mit der kleinen Klinge vollendet man die Nuten, bis die Querverbindungen hineinpassen (11–13). Man kann die Querverbindungen jeweils etwa 1 cm überstehen lassen (14).

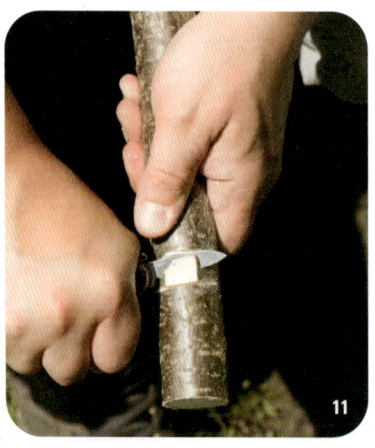

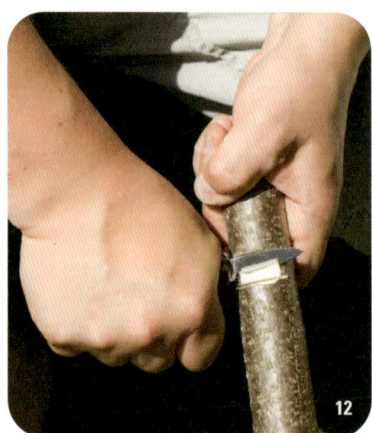

richtet alle Elemente schön aus und markiert die Nuten für die Querverbindungen (8, 9).

Mit dem Würgeknoten (siehe »Floß«, Seite 94) befestigt man die Querverbindungen an den Rümpfen (15, 16). Mit etwas Harz oder wasserfestem Leim können die Verbindungen zusätzlich fixiert werden. Verwenden Sie wenn möglich trockenes Material für die Querverbindungen. Ohne Leim werden Querverbindungen aus frischem Holz mit der Zeit nämlich locker, da sie beim Trocknen radial stärker schrumpfen als der Rumpf in der Längsrichtung.

In der Mitte der vorderen Verbindung bohrt man mit der Ahle ein konisches Loch (17),

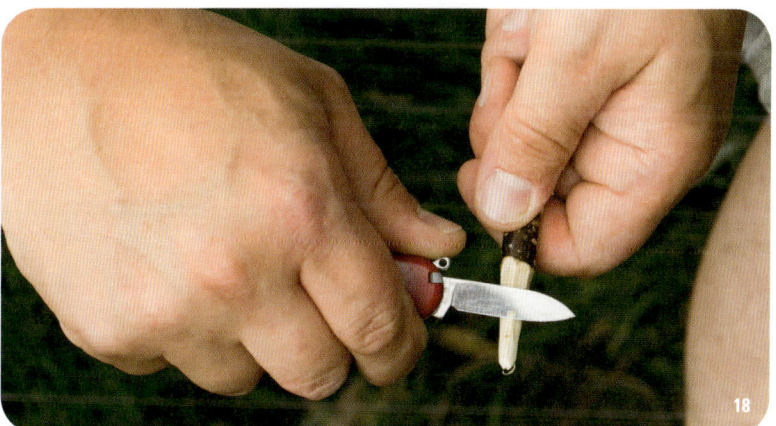

in welches später der Mast eingepresst wird. Als Mast ist eine 40 cm lange und 8 mm dicke Haselrute geeignet, die man am Mastfuß ebenfalls leicht konisch anspitzt (18). Nun presst man den Mast mit einer Drehbewegung in das Loch (19).

Das große Spinnaker-Segel kann aus Stoff oder Plastik hergestellt werden. Es ist circa 5 cm kürzer als die Länge des Mastes und etwa so breit wie das Boot (20). Man bindet es

oben am Mast mit Schnur in einer Kerbe fest (21, 22). An der Unterkante des Segels steckt man einen feinen Zweig durch die Ecken. Dieser Zweig hält das Segel offen. Verbinden Sie zuletzt die Zweigenden mit lockerer Leine mit den beiden Enden der hinteren Querverbindung (23). Nun reicht ein kräftiger Windstoß, bis es heißt: Schiff ahoi (24)!

Kreisel

Sicher haben Sie noch das Bild eines Kreisels vor sich, der elegant und ruhig seine Runden dreht. Bei einem selbst hergestellten Kreisel ist die Faszination natürlich noch größer. Der Bau eines Kreisels ist mit etwas Hilfe auch ein geeignetes Anfängerprojekt, bei dem verschiedene Werkzeuge des Taschenmessers zum Einsatz kommen; zudem kann rasch ein funktionierendes Resultat erreicht werden.

Für das Schwungrad benötigen Sie ein Aststück mit 3–5 cm Durchmesser. Damit sich der Kreisel schlussendlich ruhig dreht, muss die Achse genau durch das Zentrum der Schwungscheibe führen. Ideal wäre deshalb, wenn die Schwungscheibe komplett rund ist und das Mark genau in der Mitte liegen würde. Da ein solches Aststück aber nur selten zu finden ist, wird hier gezeigt, wie eine unregelmäßige Astscheibe angepasst werden kann.

Sägen Sie eine 10–15 mm dicke Scheibe möglichst parallel ab (1). Mit einem selbstgebastelten Zirkel (siehe Werkprojekt »Wurfkreisel«, Seite 136) stechen Sie ins Mark und markieren die Kontur der Schwungscheibe in der gewünschten Größe.

Danach spalten Sie, außerhalb der gezogenen Linie, Stück für Stück alle Unregelmäßigkeiten mit der großen Klinge ab (2). Wer genug Kraft hat, der kann die Teile von Hand abspalten. Die anderen verwenden einen Schlagstock, um beim Spalten auf den Messerrücken zu schlagen.

Als Nächstes setzen Sie die Ahle im Mark an und bohren ein 4–5 mm großes Loch (3). Dazu treiben Sie die Ahle nicht komplett durch die Scheibe, sondern drehen sie nur bis zur Mitte des Nagelhiebes in das Werkstück, wenden es und bohren dann auf dieselbe Weise von der anderen Seite her.

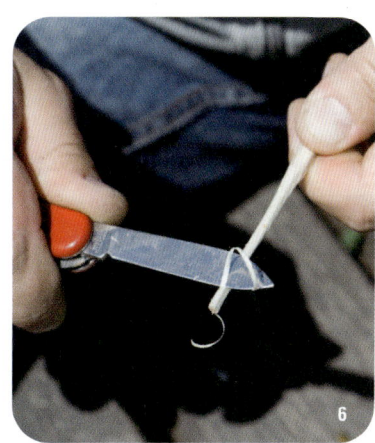

Die Achse können Sie aus einem Aststück mit größerem Durchmesser herausarbeiten, indem Sie den Ast in vier Teile spalten (4). Dünnen Sie eins der Viertel zu einem etwa 4–5 mm dicken Rundstab aus (5). Als einfachere Variante ein gerades, dünnes Ästchen als Achse zu verwenden hat den Nachteil, dass wegen des weichen Marks keine saubere Spitze geschnitzt werden kann, was die Laufruhe des Kreisels verschlechtert.

Dünnen Sie die Achse oberhalb des Einsteckbereichs stärker aus (6), damit außerhalb der Schwungscheibe möglichst wenig Masse vorliegt, die eine Unwucht erzeugen kann (7).

Im Einsteckbereich sollte die Achse genau so groß sein, dass sie ins Loch der Schwungscheibe gepresst werden kann und dort senkrecht festklemmt (8). Alternativ kann die Achse auch mit etwas Leim eingeklebt oder mit schmalen keilförmigen Spänen eingeklemmt werden. Schrägen Sie zum Schluss die Kante der Schwungscheibe etwas ab (9).

Zugegebenermaßen ist auch etwas Glück dabei, wenn ein Kreisel auf Anhieb ruhig dreht. Dazu müssen einige Faktoren stimmen, die zwar beeinflussbar, aber schwierig zu diagnostizieren sind.

Eine Unwucht kann behoben werden, indem die Achse gekürzt oder leicht abgedreht neu eingesetzt wird oder indem die Schwungscheibe durch Abnehmen der schwereren Seite ausbalanciert wird. Testen Sie nach jeder kleinen Korrektur den Kreisel von Neuem (10).

Variationen

Ein Kreisel kann als Würfelersatz genutzt werden (11, 12), indem ein Sechskant an die Schwungscheibe angebracht wird. Die Seitenlänge eines Sektors entspricht genau dem Radius des Kreisels. Mit einem abgelängten Grashalm kann die Sechskantform millimetergenau übertragen werden.

Der Abziehkreisel funktioniert mit einer Abziehvorrichtung, die aus einem Ast mit dem Taschenmesser hergestellt werden kann. Damit können enorme Drehzahlen erreicht werden. Der Kreisel dreht sich entsprechend länger. Der Durchmesser der Kreiselachse muss bei diesem Kreiseltyp etwas größer gewählt werden, weil ein Loch in die Achse gebohrt werden muss, um die Schnur dort einzustecken und aufzudrehen (das Loch ist in Abb. 13 zu erkennen). Um den Kreisel in Rotation zu bringen, wird an der Schnur gezogen (14) und die Abziehvorrichtung ausgefahren (15).

Löffel

Es ist für mich sehr befriedigend, an einem schönen Ort ohne Zeitdruck etwas zu schnitzen. Mit einem selbst geschnitzten Löffel eine auf dem Feuer zubereitete Speise zu essen, ist immer ein spezielles Erlebnis, das ich zur Nachahmung nur empfehlen kann.

Als Rohmaterial für einen kleinen Löffel benötigt man einen Ast von rund 30 cm Länge und 3 cm Durchmesser (1). Hasel, Birke, Buche oder Ahorn wären eine gute Wahl – das Holz ist geschmacksneutral und lässt sich gut verarbeiten.

Wenn möglich sollte das Holz schon etwas trocken sein, weil dadurch das Ausbrennen erleichtert wird. Der Ast darf durchaus eine kleine Biegung haben. Funktionell ist es von Vorteil, wenn die Innenwölbung (Laffe) tiefer liegt als der Griff (Löffelquerschnitt 4). Spalten Sie den Ast mit einem Keil in zwei Teile (2, 3).

Die Laffe mit dem Taschenmesser zu schnitzen ist sehr schwierig. Hier wird gezeigt, wie die Laffe mit der Ausbrennmethode hergestellt werden kann: In die Mitte des aufgespaltenen Astes

schnitzen Sie eine kleine Mulde. In diese setzen Sie ein etwa haselnussgroßes Glutstück, das Sie mit einem Zweig aus dem Feuer nehmen. Mit einem Ästchen halten Sie die Glut fest, damit sie beim Anblasen nicht davonweht (5) und um das Ausbrennen zu steuern. Blasen Sie mit langen, gleichmäßigen Atemzügen. Zu Beginn braucht es etwas Ausdauer, bis sich die Glut auf das

vorsichtiges Abnehmen des Randes noch verringert werden.

Werkstück übertragen hat (6) – doch wenn das geschehen ist, geht es relativ rasch voran. Durch geschicktes Wenden und Verschieben der Glut können Sie die Form der Ausbrennstelle beeinflussen. Von Zeit zu Zeit benötigen Sie ein neues Glutstück. Bevor Sie das neue Glutstück einsetzen, kratzen Sie jeweils mit der Schneide des Büchsenöffners die entstandene Kohleschicht etwas aus. So können Sie beurteilen, wo und wie viel Sie noch ausbrennen möchten. Steichen Sie etwas Lehm an die Stellen, die nicht mehr weiter ausgebrannt werden sollen. Aufgepasst: Die Laffe kann mit der Ausbrennmethode rasch zu tief werden und so das bequeme Essen beeinträchtigen. Ganz zum Schluss, nachdem die Außenform des Löffels fertig bearbeitet ist, kann die Tiefe der Laffe durch

Nachdem Sie die Laffe genug ausgeglüht und die Kohle etwas ausgekratzt haben, schleifen Sie die Laffe aus. Dazu suchen Sie einen Stock mit einem Durchmesser, der in etwa der Breite der Laffe entspricht. Diesen Stock runden Sie an der Spitze ab. Mit der Feuerbohrtechnik und etwas Sand zwischen Stock und Werkstück schleifen Sie nun die Laffe aus (7, 8), bis sie angenehm fein geworden ist (9).

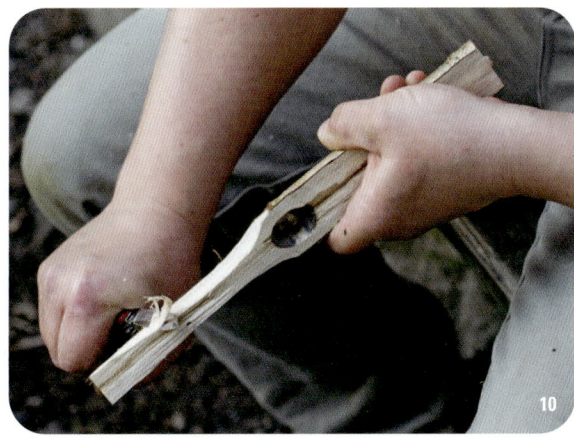

Damit Sie den Löffel beim Schnitzen des Griffes gut halten können, ist es geschickter, die Laffe in der Mitte des Werkstückes auszubrennen. Nun kann der Löffelgriff geschnitzt (10, 11) und anschließend sorgfältig vor der Laffe abgesägt werden (12).

Zum Schluss runden Sie den vorderen Teil des Löffels sauber ab und dünnen die Laffe

aus (13). Mit den Fingerkuppen kann genau ertastet werden, wo noch etwas Holz weggeschnitzt werden muss und wo die Laffe die richtige Dicke hat. Für ein angenehmes Gefühl

beim Essen lohnt es sich, die Laffe möglichst dünn zu schnitzen. Jetzt fehlt nur noch eine leckere Suppe vom Feuer.

Möwenpfeife

Als Kinder imitierten wir das Gekrächze von Möwen, indem wir kräftige Grashalme zwischen beide Daumen und Handballen spannten und in den Spalt pusteten. Die Möwenpfeife ist eine Abwandlung dieser Technik. Sie besteht aus einem gespaltenen Ast, der im Mittelbereich etwas ausgenommen ist. Die Membran besteht aus einem Streifen Birken- oder Kirschbaumrinde. Wenn in den Hohlraum zwischen den Asthälften gepustet wird, entsteht das krächzende Geräusch einer Möwe. Lassen Sie sich vom charakteristischen Sound dieser Pfeife überraschen.

Im ersten Arbeitsschritt schneiden Sie einen circa 1,5 cm breiten und 12 cm langen Streifen aus einem dünnen Rindenstück zurecht (1). Schaben Sie das Rindenstück auf beiden Seiten sauber (2).

Danach längen Sie einen etwa 2 cm dicken Ast auf 10 cm ab (3). Die Membran sollte etwa 2 cm länger sein als der Ast. Wenn das Rindenstück kürzer ist, wird der Ast entsprechend kürzer abgesägt.

Spalten Sie das Aststück (4) und ritzen Sie auf den Spaltflächen der beiden Hälften die Begrenzungslinien für die Vertiefungen ein. Die Vertiefung sollte circa 4 cm lang sein (5).

Mit der Feinschnitttechnik nehmen Sie nun mit vorsichtigen Schnitten an beiden Hälften die Vertiefungen aus (6). Die ausgenommene Stelle sollte zwischen 0,5–1 mm tief werden. Dabei ist zu beachten, dass der Spalt – bei zusammengefügten Hälften – an der Seite, bei der hineingeblasen wird, etwas dünner ausfällt als auf der gegenüberliegenden Seite. Außerdem ist es wichtig, dass die Oberflächen im Spalt geglättet werden.

Wenn Sie beide Hölzer wieder zusammenfügen, entsteht ein Spalt von 1–2 mm (7).

Legen Sie die Rindenmembran auf die Fläche einer Asthälfte (8) und klemmen Sie sie mit der zweiten Hälfte ein. Drücken Sie die beiden Hälften mit Daumen und Zeigefinger zusammen, damit die Membran auf der einen Seite fixiert ist. Auf der anderen Seite muss die Membran etwa 2 cm herausragen. Denn an diesem Ende halten Sie die Membran beim Spielen zwischen Daumen und

Zeigefinger fest und erzeugen durch Abstützen auf den Stirnflächen der Hälften die nötige Spannung (9). Die Membran muss so im Spalt liegen, dass die hineingeblasene Luft auf beiden Seiten der Membran hindurchströmen und die Membran zum Vibrieren bringen kann. Nun blasen Sie kräftig in den Spalt. Wenn der Pfeife noch keine Töne zu entlocken sind, bearbeiten Sie den

Spalt noch etwas oder dünnen Sie die Membran weiter aus. Wenn die Pfeife funktioniert, fixieren Sie die Membran auf der Seite, wo die Membran nicht heraushängt, dauerhaft, indem Sie die Lagen mit einer straffen Wicklung zusammenbinden (10, 11).

Mal sehen, ob sich am Himmel schon die ersten Artgenossen zeigen ...

Stielkastagnette

Mit der großen Klinge des Taschenmessers markieren Sie die Spaltstellen so, dass der mittlere Teil 1–2 cm dick wird. Die äußeren Teile sollten etwas dicker werden als das Mittelstück.

Mit einem Ast treiben Sie die Klinge bis zum Klingenrücken in das Holz und entfernen das Messer wieder (2). Dies wiederholen Sie und erhalten so zwei Spaltkerben (3).

Wie die »Chlefeli« gehört auch die Stielkastagnette in die Gruppe der Rhythmusinstrumente. Die Stielkastagnette ist in der Herstellung etwas aufwendiger – dafür ist die Spieltechnik deutlich einfacher. Und so tönen schon nach kurzer Zeit feurige Rhythmen durch den Wald …

Zur Herstellung dieses Instruments können verschiedene Hartholzarten verwendet werden. Je härter das Holz, desto heller und knalliger wird der Klang der Kastagnette.

Sägen Sie ein etwa 20 cm langes, gerade gewachsenes Stück eines Haselastes ab. Der Durchmesser sollte mindestens 4,5 cm betragen (1).

Als Nächstes wird der Ast der Länge nach in drei Teile gespalten. Wegen des großen Durchmessers und der Härte des Spaltstückes ist das Taschenmesser für das Spalten des Astes ungeeignet. Deshalb wird für diesen Schritt ein Spaltkeil verwendet. Wie ein solcher hergestellt und gehandhabt wird, ist im Kapitel »Schnitztechniken« erklärt (siehe Seite 26).

Der Spaltkeil muss am Ende dünn ausgeschnitzt sein, damit er in den vorgefertigten Spaltkerben angesetzt werden kann. Spalten Sie nun die erste Seite ab (4) und danach die zweite (5).

Die beiden Seitenteile flachen Sie auf den ersten 12 cm auf der unbearbeiteten Außenseite bis auf eine Materialstärke von 10–15 mm ab (6).

So sieht das Zwischenresultat aus (7).

Nun kürzen Sie die beiden Außenteile auf circa 10 cm (8, 9).

Der untere Teil des Mittelstücks wird zu einem Handgriff geschnitzt (10).

Für die seitliche Stabilität ist es wichtig, dass die Löcher für die Schnürung möglichst nahe am Rand gebohrt werden. Der maximale Abstand ist auf den äußeren Teilen besser abzuschätzen. Bohren Sie deshalb zuerst die Löcher eines Seitenteils. Den Lochabstand übertragen Sie durch Zusammenhalten und Einritzen mit der Ahle auf das zweite Seitenteil, dann auf das Mittelstück (11). An den markierten Stellen wird nun gebohrt (12).

Zu guter Letzt binden Sie die drei Teile in der ursprünglichen, passenden Anordnung mit einem Lederband oder einer stabilen Schnur straff zusammen (13). Die richtige Anordnung kann anhand des Jahrringmusters und der Form abgeleitet werden.

Die Seitenteile müssen sich noch bewegen lassen (14). Allerdings macht es nichts aus, wenn die Bindung zu Beginn noch etwas zu straff ist – mit dem Gebrauch dehnt sie sich automatisch ein wenig.

Nun steht einem mitreißenden Flamenco-Rhythmus nichts mehr im Wege.

Wasserrad

Mein erstes Wasserrad baute ich an einem kleinen Bächlein am Stadtrand, wo oft Leute vorbeispazieren. Mir fiel bald auf, dass nicht nur ich, sondern auch viele Passanten Freude an diesem Wasserrad hatten und minutenlang stehen blieben, um zu beobachten, wie es sich in der Strömung drehte. Wasserräder zu bauen bereitet mir seither viel Spaß. Wenn ich irgendwo ein Wasserrad gebaut habe, kehre ich immer wieder zurück, um zu sehen, ob es noch funktioniert. Oft drehen sie sich noch mehrere Tage lang weiter.

Für den Bau eines Wasserrades benötigen Sie folgendes Material (1):
- zwei Astgabeln als Lager
- einen gerade gewachsenen Ast als Achse, Durchmesser 2–3 cm (ich verwende meistens Hasel)
- vier gerade Triebe als Speichen (z. B. Hasel oder Hartriegel)
- eine PET-Flasche

Platzieren Sie an einer geeigneten Stelle an einem Bächlein mit ausreichender Strömung und Wassertiefe die beiden Astgabeln am Ufer oder auch direkt im Bach (2). Wenn Sie sie nicht tief genug in das Flussbett eingraben können, geben Sie den Lagern mit aufgeschichteten Steinen zusätzlichen Halt.

Die Achse spalten Sie mittig auf einer Strecke von 15–20 cm der Länge nach auf. Dabei legen Sie die Klinge in der Mitte auf das Holz und schlagen sie mit einem Aststück durch, bis die Klingenspitze auf der gegenüberliegenden Seite herausschaut (3). Danach stellen

Sie die Achse auf und vergrößern den Spalt durch Schläge auf die Klingenspitze (4). Drehen Sie die Messerklinge in der Mitte des angebrachten Spalts um 90 Grad, sodass sie die Asthälften auseinanderspreizt (5). Stecken Sie ein Ästchen in den Spalt, drehen Sie dann die Klinge wieder zurück, und ziehen Sie das Messer vorsichtig heraus.

Im rechten Winkel zum ersten bringen Sie nun einen zweiten Spalt auf dieselbe Weise an. Das festgeklemmte Ästchen kann Ihnen dabei als Anhaltspunkt dienen, damit die Spalte rechtwinklig zueinander stehen (6). Beim Spalten und Herausziehen der Klinge ist darauf zu achten, dass sich das Messer nicht unbeabsichtigt zuklappt.

Durch die beiden Spalte werden nun die Speichen im Abstand von etwa 10 cm eingesteckt (7, 8). Die Speichen müssen vorher auf die notwendige Länge gekürzt werden. Diese ermitteln Sie, indem Sie die Achse in die Astgabeln legen und schauen, wie viel der Abstand von der Achse bis zum Wasser beträgt. Um die Speichen mittig in die Achse einsetzen zu können, markieren Sie die Mitten der Speichen schon vor dem Einstecken.

Für eine größere Klemmwirkung kann die gespaltene Achse zwischen den Speichen mit einem Stück Schnur zusammengezurrt und abgebunden werden.

Schneiden Sie nun aus der PET-Flasche vier möglichst gleichgroße Schaufeln (9a–d). Mit der Ahle treiben Sie in jede Ecke der Schaufeln ein Loch (10). Die Löcher dürfen wegen der Gefahr des Ausreißens nicht zu nahe an den Rand gesetzt werden. Alternativ zur Ahle können die Löcher auch mit einem glühenden Nagel oder einem Locheisen gefertigt werden.

Wenn Sie die Schaufeln auf die Speichen geschoben haben (11), kann das Wasserrad eingesetzt werden (12). Die Schaufeln klemmen sich durch ihre Eigenspannung an den Speichen fest und müssen meistens nicht zusätzlich fixiert werden. Um genügend Strömung zu erhalten, muss das Wasser manchmal bachaufwärts mit einigen Steinen etwas umgeleitet werden.

Als Variation habe ich mit der Spalttechnik auch schon Wasserräder mit sechs Speichen hergestellt (13). Diese Räder sind natürlich etwas schwieriger herzustellen, dafür drehen sie sich gleichmäßiger und zuverlässiger, weil dieses Wasserrad so platziert werden kann, dass ständig eine Schaufel von der Strömung erfasst wird.

Anstatt die Achse für die Speichen zu spalten, kann auch
eine Nabe hergestellt werden.
Im Beispiel wurde ein Stück
Holunder verwendet, das Mark
für die Achse ausgestoßen
und mit der Ahle acht Löcher
für die Speichen gebohrt. Die
Speichen müssen an den Enden leicht konisch angespitzt
werden, dann kann man sie in
die Löcher pressen (14).

Wenn keine PET-Flasche zur
Hand ist, können die Schaufeln
auch aus Alubüchsen, aus
Nussschalen (15) oder aus
Baumrinde (14) hergestellt
werden.

14

15

Wurfkreisel

Der Wurfkreisel ist der große Bruder des »normalen« Kreisels. Er ist schwerer und wird mithilfe einer Schnur angetrieben. Deshalb erreicht er sehr hohe Drehzahlen. Man braucht aber auch mehr Übung, bis er sich richtig – und am gewünschten Ort – dreht. Damit dies gelingt, muss er möglichst symmetrisch und genau ausgewuchtet sein. In der folgenden Bildstrecke wird gezeigt, wie auch aus einem unförmigen Aststück ein Wurfkreisel geschnitzt werden kann. Dazu benötigen Sie eine Nadel. Die nach 1991 produzierten Taschenmesser haben hinter dem Korkenzieher einen Stecknadelschacht, der mit einer Stecknadel bestückt werden kann (1). Da man immer wieder eine Nadel gebrauchen kann, habe ich alle meine Messer damit ausgestattet.

Als Erstes brauchen Sie natürlich das Holz. Suchen Sie nach einem Stück gerade gewachsenem Hartholz mit einem Durchmesser von 4–5 cm und sägen es an einer Stelle sauber ab (2).

Um den noch unregelmäßigen Ast rund zu schnitzen, setzen Sie sich zuerst einen behelfsmäßigen Zirkel zusammen. Nehmen Sie dazu einen Schnitzspan und stoßen an einem Ende die Stecknadel durch. Die Stecknadel stecken Sie ins Mark – das spätere Zentrum (2).

Stechen Sie dann mit der Ahle etwa 2 cm vom Zentrum entfernt durch den Span und ritzen, indem Sie die Ahle rundherum führen (3), mit der Ahlenspitze einen regelmäßigen Kreis ins Holz (4).

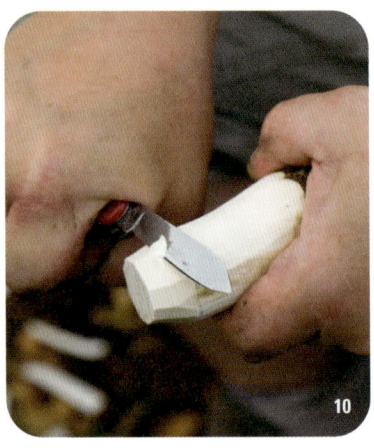

Einige Taschenmessermodelle haben einen Kugelschreiber in der Griffschale (5). Mit einem solchen Stift anstelle der Ahle ist das Einzeichnen eines Kreises komfortabler (6).

Auf einer Länge von etwa 8 cm schnitzen Sie das Aststück bis auf den eingezeichneten Durchmesser von 4 cm regelmäßig rund (7, 8). Selbstverständlich kann der Wurfkreisel auch größer gefertigt werden. Ich habe gute Erfahrungen gemacht, wenn die Höhe des Wurfkreisels 1,5-mal dem Durchmesser entspricht.

Für eine möglichst symmetrische Kuppe sollten Sie sich Hilfslinien einzeichnen (9). Wenn kein Stift zur Verfügung steht, ritzen Sie die Hilfslinien mit dem Messer ein. Von den eingezeichneten Linien aus nähern Sie sich in drei Arbeitsschritten der Kuppenform (9–14). Dabei wenden Sie die Grobschnitttechnik an. Aus der Kuppe arbeiten Sie mit der Feinschnitttechnik eine

kleine Spitze heraus (15, 16).
Dabei kippen Sie die Klinge
gegen Schluss des Schnittes
ab. Auf dieser Stelle dreht sich
später der Kreisel.

Nun längen Sie den Kreisel auf
etwa das 1,5-Fache des Durchmessers ab (17) und schrägen
die entstandene Kante ab. Der
Wurfkreisel ist fertig (18).
Jetzt kann das Wurftraining
losgehen!

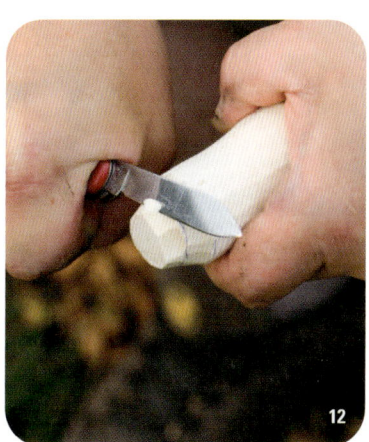

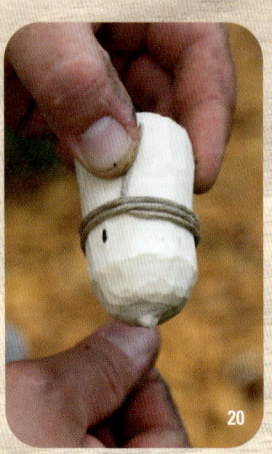

Wurfanleitung

Ein glatter, flacher Boden mit wenig Reibungswiderstand ist ein geeigneter Platz zum Ausprobieren des Wurfkreisels. Um den Wurfkreisel in Rotation zu versetzen, wird um den Drehkörper – ähnlich wie beim Yo-Yo – eine Schnur gewickelt (19–21). Die Wicklungen dürfen sich nicht überkreuzen! Das Schnurende wird am Zeigefinger festgemacht (21). Nun wird der Kreisel zwischen Daumen und Zeigefinger gehalten (22). Der Kreisel wird seitlich am Körper vorbeigeworfen – vergleichbar mit dem Wurf beim Steine übers Wasser hüpfen lassen –, sodass er möglichst auf der Spitze landet (23, 24).

Beim Abwurf wickelt sich die Schnur ab und der Kreisel wird in Rotation versetzt. Um den Drall zu erhöhen, können Sie die Schnur zusätzlich noch zurückziehen (25). Sollte der Kreisel dabei einmal nicht auf der Spitze landen, stellt er sich oft durch die wirkenden Fliehkräfte von selbst auf (26).

Den Kreisel auf einen glatten Boden zu werfen ist einfacher als auf einen Tisch. Da eine glatte Unterlage wesentlich zum Gelingen beiträgt, bei der Fotosession jedoch kein passender Boden zu finden war, musste ich auf den Tischtennis-Tisch in einem Park ausweichen.

23

24

25

26

Blasrohr

In den Campingferien in Nord-italien bastelte ich einmal zusammen mit einem Jungen ein Blasrohr aus einem kräftigen Schilfrohr. Als Munition verwendeten wir grüne Holunderbeeren und grüne Beeren des Hartriegels. Es dauerte nicht lange, bis auch andere Kinder sich ein Blasrohr gebastelt hatten und die nächsten Tage stundenlang irgendwelche Munition durch die Gegend pusteten. Sie hatten Riesenspaß dabei. Ob das ihren Eltern und den Zeltnachbarn auch so ging?

Für ein stabiles, edles Blasrohr sucht man sich einen gerade gewachsenen Holunderast mit einem Markdurchmesser von 8–10 mm (1). Der Außendurchmesser sollte größer als 16 mm sein.

Je länger das Rohr ist, desto genauer lässt sich damit zielen – vorausgesetzt das Rohr ist gerade.

Nun schneidet man den Holunderast auf 25–30 cm Länge ab. Bei noch längeren Ästen ist es schwierig, ohne Hilfsmittel wie Draht oder Bohrer das Mark zu entfernen.
Bevor man das Mark mit einem Holzstößel herausstößt, legt man den Ast für etwa zwei Stunden ins Wasser, um das Mark aufzuweichen. Bei ganz frisch geschnittenen Ästen lässt sich das Mark auch ohne Einweichen entfernen.

Die ersten 3,5 cm Mark an beiden Seiten des Astes lassen sich entfernen, indem man den Korkenzieher eindreht und wieder herauszieht (2, 3).

Um das verbleibende Mark herauszuholen, verwendet man am einfachsten ein stabiles Stück Draht. Wenn Sie nichts dergleichen zur Verfügung haben, suchen Sie sich ein möglichst hartes, trockenes Ästchen (z. B. Hartriegel), das man als Stößel verwenden kann. Dieses Ästchen soll im Durchmesser etwas kleiner sein als das Markinnere. Schrägen Sie den Stößel an einem Ende ab, damit eine scharfe Kante entsteht. Drehen Sie dann den Stößel oder das Drahtstück wie einen Bohrer vorsichtig ins Mark (4, 5). Sobald das Hineindrehen so schwer wird, dass beim Stößel die Spitze abzubrechen droht, zieht man ihn wieder heraus und setzt erneut an. So arbeitet man sich von beiden Seiten her langsam zur Mitte vor. Es ist wichtig, das Mark in kleinen Portionen zu entfernen, da bei zu großem Kraftaufwand der Stößel im Mark abbrechen und steckenbleiben könnte.

Wenn ein Luftkanal geschaffen ist, schabt man mit einem dünnen Ästchen das an der Rohrwand verbliebene Mark ab und pustet immer mal wieder ins Rohr, um das gelöste Material zu entfernen (6).

Wenn die Innenwand sauber gefegt ist, ist das Rohr fertig.

Der Pfeil

Für die Herstellung eines Pfeiles verwendet man einen etwa 8 cm langen Abschnitt eines geradegewachsenen Hartholzzweiges (7). Die Dicke kann je nach Innendurchmesser des Blasrohres

variieren. Das abgelängte Pfeil-holz sollte ohne Widerstand durch das Bohrloch fallen.

Den Pfeil verjüngt man im hin-teren Bereich, damit der Schwerpunkt im vorderen Drittel liegt (8). Als Pfeilspitze steckt man eine Stecknadel verkehrt herum ins Mark des Pfeiles (9). Mit etwas Harz, das

man mit dem Feuerzeug erhitzen kann, klebt man die Nadel fest.

Einen Zentimeter vor dem Ende des Pfeiles schnitzt man schließlich eine kleine Kerbe (10), verteilt ein paar Gras-halme rund um den Pfeilschaft (11) und bindet sie mit einem Bindfaden oder einem Stück

Brennnesselfaser zusammen. Die Gräser werden etwa auf halber Länge mit einem Ach-terknoten in der Kerbe fixiert (12). Nun legt man die nach vorne zeigenden Enden der Gräser nach hinten und fixiert sie erneut mit einem Achter-knoten (13).

Die Grasenden schneidet man etwas zurück und schon ist der Pfeil fertig (14).

Alternativ zur Stecknadel kann man auch Dornen des einheimischen Weißdorns als Pfeilspitze verwenden (15). Die Befiederung besteht bei diesem Pfeil aus drei Grashalmen, die schräg mit Harz angeklebt und mit Brennnesselfasern umwickelt wurden (15,16). Dadurch rotierte der Pfeil im Flug, was seine Flugbahn stabilisierte.

Urwaldvölkern (z. B. den Penan auf Borneo) dient das Blasrohr als Jagdwaffe. Auch um Tiere mit Sendern zu bestücken, werden sie vorher oft mithilfe eines Blasrohrs betäubt. Im Umgang mit Blasrohren und speziell mit spitzen Pfeilen ist Vorsicht geboten: Nie auf Menschen oder Tiere zielen! Deshalb gilt auch hier:
– Zielübungen immer auf eine Zielscheibe (z. B. Baumstrunk oder Kartonschachtel)
– Zuschauer befinden sich hinter dem Schützen!

Fliegender
Propeller

messer von 15–20 mm ab (1) und spalten es der Länge nach auf (2). Aus der schöneren Hälfte kann man den Propeller schnitzen, aus der anderen die Spindel.

Auf der Suche nach interessanten Taschenmesserprojekten erinnerte ich mich an einen Plastikpropeller mit Aufziehmechanismus, den ich als Kind einmal besaß. Ich machte mich im Internet auf die Suche nach einem solchen Ding und entdeckte schließlich einen Bambuspropeller, der von Hand in Rotation versetzt wird. Ich versuchte, einen Propeller dieser Art zu schnitzen, und stellte fest, dass es mit ein wenig Übung tatsächlich möglich ist, auch aus einheimischen Hölzern einen funktionierenden Propeller zu fertigen.

Sägen Sie ein 18–20 cm langes, gerade gewachsenes Aststück mit einem Durch-

Erst widmen wir uns der Herstellung des Propellers: Meistens windet sich die gespaltene Fläche von Natur aus um einige Grad um die Längsachse (3). Dafür ist der Drehwuchs des Astes verantwortlich. Dieses Phänomen kann man gleich für den Anstellwinkel der Flügelhälften nutzen. Der Anstellwinkel des Propellers sollte ungefähr 6 Grad betragen (4). Eine Abweichung von 3 Grad ist jedoch nicht tragisch. Bisher habe ich den Anstellwinkel nach Augenmaß geschnitzt, und es hat bislang immer funktioniert. Ein größerer Anstellwinkel gibt dem Propeller mehr Auftrieb – bei einem kleineren Anstellwinkel dreht dafür der Propeller länger, weil er einen geringeren Luftwiderstand hat. Wichtig ist, dass beide Flügelseiten des Propellers möglichst regelmäßig geformt werden (5).

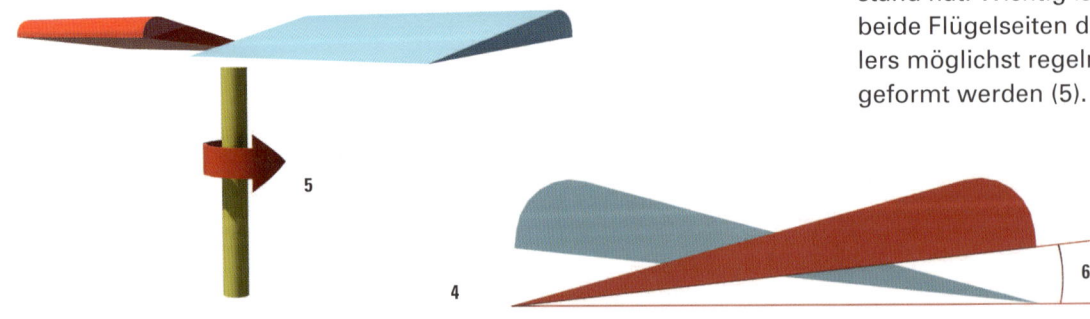

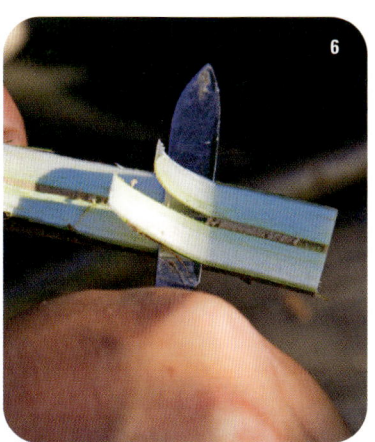

Herstellung des Propellers

Nach dem Spalten schnitzen Sie die oberste Schicht der entstandenen Fläche weg (6), bis diese glatt und das Mark weitgehend entfernt ist (7). Das weiche, poröse Mark würde den Flügel zu sehr schwächen, und er könnte an dieser Stelle leicht spalten. Wenn nötig, das heißt wenn der natürliche Drehwuchs nicht stark genug

ist, können Sie bei diesem Arbeitsschritt die beiden Anstellwinkel von der Mitte aus noch ausgeprägter schnitzen (siehe 4 ,5).

Nun schnitzen Sie den Propeller auch auf der unbearbeiteten Seite flach (8). Jetzt haben Sie ein gewundenes Brettchen von circa 3 mm Stärke vor sich liegen (9, 10).

Für die Funktionalität des Propellers ist es wichtig, dass die Flügel möglichst symmetrisch gefertigt werden. Damit dies gelingt, müssen Sie die Mitte exakt ermitteln. Dies geht mithilfe eines Grashalms in der Länge des Brettchens (11), den Sie in der Mitte knicken (12). Nun lässt sich die Mitte leicht mit zwei kleinen Kerben auf jeder Seite markieren (13).

Auf der Oberseite des Propellers schnitzen Sie das Flügelprofil (14). Die Hilfslinien auf den Fotos verdeutlichen das Profil in der Aufsicht (15) und der Seitenansicht (16). Die beiden Flügel sollten möglichst regelmäßig geformt sein.

Herstellung der Spindel

Aus der zweiten Hälfte des zu Beginn gespaltenen Astes fertigen Sie nun die Spindel. Dazu schnitzen Sie zuerst die gespaltene Fläche ab, bis das Mark vollständig abgetragen ist. Danach schnitzen Sie die Spindel auch auf der anderen Seite flach. Das Resultat ist wieder ein 3 mm starkes Brettchen (17).

Dieses verjüngen Sie nun
nahezu auf der gesamten
Länge bis auf 3 mm (18) und
schnitzen den entstandenen
Spieß rund (19). Nur am Kopf
belassen Sie das Brettchen in
seiner ursprünglichen Breite.

Auf der Stirnseite der Spindel
sägen Sie zwei 3 mm tiefe
Nuten (20, 21). Diese schnitzen
Sie mit der kleinen Klinge sorgfältig frei (22) und bearbeiten

sie, bis die beiden Mitnahmestifte glatt geschnitzt sind (23).

Um die Position der Mitnahme-
stifte genau auf den Propeller
zu übertragen, halten Sie diese
mittig auf die Unterseite des
Propellers und übertragen die
Maße mit der Ahle oder einem
Stift (23). Mit der Ahle bohren
Sie anschließend vorsichtig die
beiden kleinen Löcher auf der
Längsachse des Propellers (24).

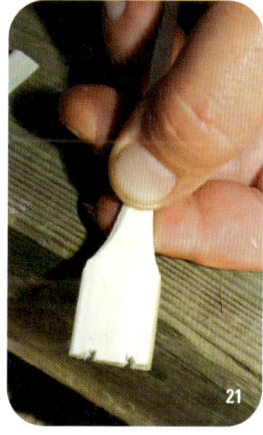

bern Sie die Löcher und facettieren sie leicht (25). Ziel ist es
schlussendlich, dass der Propeller auf die Mitnahmestifte
gesteckt werden kann und
darauf leicht festklemmt (26).
Jetzt ist der Propeller fertig.

Um den Propeller fliegen zu
lassen, halten Sie die Spindel
gerade zwischen den Handflächen (27). Wenn Sie nun die
Handflächen in der richtigen

Richtung aneinander vorbei-
reiben, bringen Sie den
Propeller in Rotation. Der
Propeller bekommt Auftrieb,
löst sich von den Führungs-
dornen und schraubt sich in
die Höhe (28).

Da der Propeller sehr genau
gearbeitet sein muss, kann es
sein, dass einzelne Teile oder
Stellen nachbearbeitet werden
müssen.

Bohren Sie langsam und von
beiden Seiten her, damit das
dünne Holz nicht spaltet. Der
Durchmesser der Löcher sollte
circa 2 mm betragen. Mit der
Spitze der kleinen Klinge säu-

Mundbogen

Der Mundbogen ist im Prinzip eine vereinfachte Version des Berimbaus. Das Berimbau ist das Hauptinstrument des brasilianischen Kampftanzes Capoeira. Es besteht aus einem Stab und einem darauf gespannten Draht. Als Resonanzkörper wird ein aufgeschnittener Flaschenkürbis verwendet. Beim Mundbogen dient die Mundhöhle des Spielers als Resonanzraum. Der Klang dieses

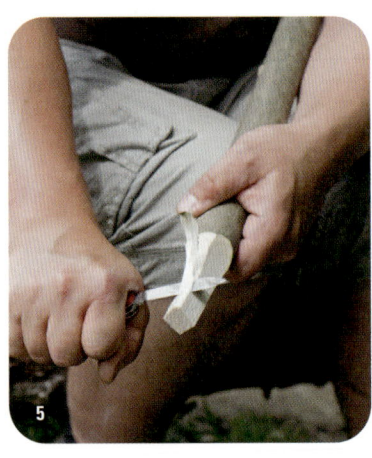

Instruments geht dabei besonders nach innen, das heißt, der Spieler hört die Töne wesentlich lauter als die Zuhörer. Normalerweise wird die Saite des Mundbogens mit einem Stab angeschlagen oder mit einem Plektrum gezupft. Ich habe mir aus einem Zweig und einer mit Harz bestrichenen Schnur eine Art Geigenbogen gebaut, um die Drahtsaite in Schwingung zu versetzen. Damit wird aus

dem Mundbogen eine Waldgeige.

Für den in dieser Anleitung hergestellten Mundbogen benötigen Sie ein 65 cm langes Stück Hartholz (z. B. Ahorn) mit einem Durchmesser von 35 mm. Spalten Sie den Ast auf der gesamten Länge (1). Da der Astdurchmesser zu groß ist, um ausschließlich mit dem Taschenmesser gespalten zu

werden, muss man – wie im Theorieteil beschrieben (siehe Seite 26) – mit selbst hergestellten Keilen arbeiten (2). Bearbeiten Sie den Ast mit der großen Klinge auf der gespaltenen Fläche, bis das weiche Mark weggeschnitzt ist (3). Dabei korrigieren Sie den Drehwuchs und schneiden Unebenheiten weg. So entsteht eine möglichst gerade Fläche für das Griffbrett (4).

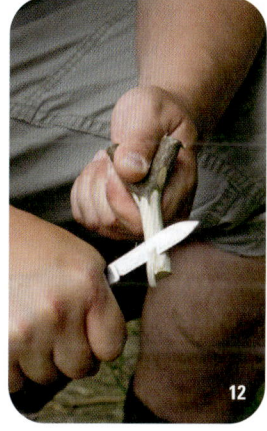

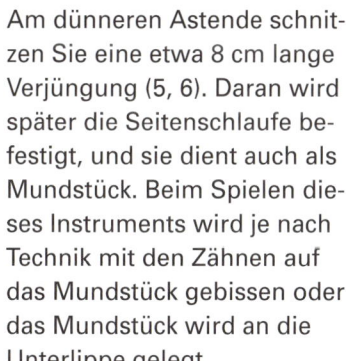

Am dünneren Astende schnitzen Sie eine etwa 8 cm lange Verjüngung (5, 6). Daran wird später die Seitenschlaufe befestigt, und sie dient auch als Mundstück. Beim Spielen dieses Instruments wird je nach Technik mit den Zähnen auf das Mundstück gebissen oder das Mundstück wird an die Unterlippe gelegt.

Als Wirbel verwenden Sie eine Astgabelung aus sehr hartem Holz (Hartriegel, Kornelkirsche, Buchsbaum, Weißdorn). Damit das Holz den großen Zugkräften standhalten kann, sollte die Astgabelung circa 15 mm Dicke aufweisen (7). Dement-

sprechend groß muss auch das Loch im Mundbogen werden. Mit dem Taschenmesser als einzigem Werkzeug ist dieses Unterfangen nicht ganz einfach – aber mit Geduld und Geschick durchaus möglich. Im nächsten Schritt bohren Sie mit der Ahle in 4–5 cm Abstand zum Astende ein Loch (8). Lösen Sie weitere Späne im Loch mit der Schneide an der Ahle aus. Diese Technik

bedingt **etwas** Kraft. Danach erweitern Sie das Loch von beiden Seiten her mit der kleinen Klinge (9). Wenn die kleine Klinge durch das Loch passt, beträgt der Durchmesser 10 mm. Mit der kleinen Klinge und der Holzsäge (deren Zähne Sie wie eine Feile einsetzen können) erweitern Sie das Loch auf circa 13 mm (10, 11). Versuchen Sie, die Lochwandung zylindrisch zu schnitzen.

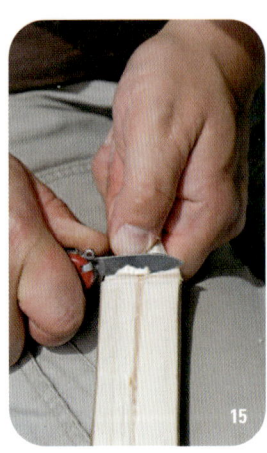

Wenn das Loch gleichmäßig ist und etwa die passende Größe hat, fertigen Sie den Wirbel. Dafür kürzen Sie die Schenkel der Astgabel und passen den Schaft des Wirbels dem Lochdurchmesser im Mundbogen an (12). Nun wird der Wirbel fest in das Loch hineingedreht, sodass er satt sitzt (13). Dazu den Schaft falls nötig noch einige Zehntelmillimeter nachbearbeiten. Mit der Zeit

bekommt der Wirbel durch das Trocknen immer mehr Spiel. Um das zu verhindern, sollten Sie wenn möglich trockenes Holz.

(15). Das ist der Platz für den Steg, ein kleines Hartholzästchen (siehe 18).

Für die Saite verwenden Sie einen etwa 1 mm dicken Stahl-

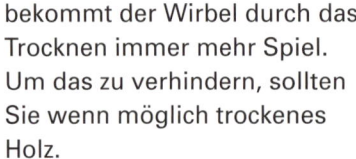

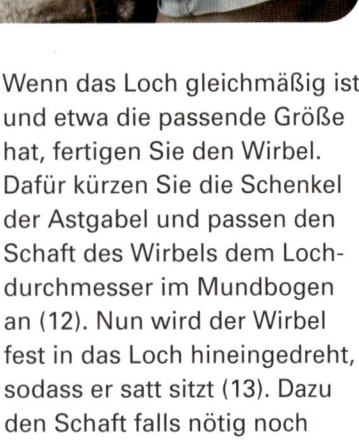

Sägen Sie nun unmittelbar oberhalb des Mundstücks einen 3 mm tiefen Einschnitt (14). Mit der kleinen Klinge erweitern Sie den Einschnitt zu einer kleinen V-förmigen Kerbe

draht aus der Gartenabteilung des Baumarktes. Natürlich können auch Instrumentensaiten verwendet werden. Zur Befestigung der Saite schlagen Sie den Draht um das Mund-

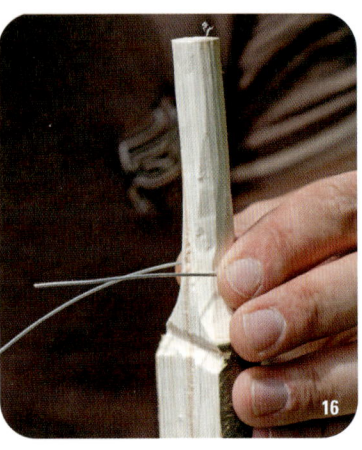

stück (16) und umwickeln ihn mehrmals mit dem eigenen Ende (17). Die Saitenlage wird durch die Höhe des Steges bestimmt (18).

Um den Draht an der anderen Seite des Mundbogens am Wirbel zu befestigen, bohren Sie ein Loch – nicht durchgehend und relativ weit oben, um den Wirbel möglichst wenig zu schwächen (19). Stecken Sie den Draht in das Loch und drehen Sie ihn auf (20). Setzen Sie unterhalb des Wirbels einen weiteren Steg (20). Dieser Steg sitzt jedoch nicht in einer Kerbe fest, sondern ist nur eingeklemmt. Somit kann durch Versetzen des Steges die Tonhöhe variiert werden.

Der Mundbogen kann mit einem Stab (21) oder mit einem dünnen, flexiblen Holzspan als

Plektrum gespielt werden. Mit einem Streichbogen wird der Mundbogen zur Waldgeige. Dazu spannen Sie eine Schnur auf einen flexiblen Ast – wie bei einem Pfeilbogen. Damit die Bogenschnur griffig wird, bestreichen Sie sie mit Harz: Durch Erwärmen lassen Sie Harz auf ein Holz tropfen (22). Danach ziehen Sie die aufgespannte Schnur durch das glasartig verfestigte Harz (23). Dieses Harz entspricht dem Kolophonium für den Geigenbogen.

Eine wesentlich einfachere Variante ohne Wirbel besteht darin, dass Drahtlaschen wie bei einem Pfeilbogen einfach an beiden Enden eingehängt werden (24a). Dabei wird die Saite durch die Astspannung gespannt. Sie hat allerdings

den Nachteil, dass man den Saitendraht nicht nachspannen bzw. das Instrument nicht stimmen kann.

Einfacher Mundbogen ohne Wirbel (a), einsaitiger Mundbogen mit Wirbel (b) sowie zweisaitiger Mundbogen mit Wirbel (c).

Nasenflöte

Die Nasenflöte ist ein Instrument, das intuitiv gespielt wird. Wer die Spieltechnik begriffen hat, kann auf dieser Flöte jedes Lied trällern, das er auch singen kann. Wie es der

Name erahnen lässt, wird diese Flöte tatsächlich mit der Nase geblasen. Der offene Mund dient als Resonanzkörper. Mit der Mundstellung wird die Tonhöhe verändert.

Als Erstes sägen Sie ein 8–9 cm langes Aststück mit einem Durchmesser von 4–5 cm ab (1). Für Nasenflöten eignet sich gut schnitzbares Holz wie Birke, Ahorn oder Hasel.

Spalten Sie mit der Säge das Aststück durch das Mark in zwei Hälften (2). Die größere Hälfte verarbeiten Sie weiter. Aus der flacheren Hälfte entsteht später die Rückwand.

Bringen Sie etwas oberhalb der Mitte einen Einschnitt bis 5 mm vor die gespaltene Fläche an (3). Der Einschnitt soll parallel zur Spaltfläche verlaufen.

Mit der großen Klinge spalten Sie nun vorsichtig das größere der beiden Segmente ab. Dafür setzen Sie die Klinge 7 mm von der Kante entfernt an (4–6), um

beim Spalten den Einschnitt nicht zu verfehlen. Die Dicke der gespaltenen Fläche beträgt somit circa 7 mm. Schnitzen Sie die neu entstandene Fläche bis auf eine Dicke von 5–6 mm mit der großen Klinge eben (7, 8).

Für die Ausbuchtung der Nase spalten Sie zuerst einen Teil heraus. Dazu schneiden Sie mittig eine Nut – etwa 1,5 cm tief (9, 10) – und spalten von beiden Seiten her schräg gegen die Nut (11, 12). Die Nut darf nicht zu tief sein, da sonst das Risiko besteht, dass die Flöte bricht.

Entfernen Sie nach dem Spalten abstehendes Material mit der großen Klinge aus der Kerbe (13).

Diesen Schnitt wiederholen Sie einige Male, bis er in der Mitte circa 3–4 mm tief ist. Danach beginnen Sie, mit der Feinschnitttechnik vorsichtig Span um Span zu lösen, um das Labium zu formen (17).
Damit sich die Späne an der Labium-Oberkante gut lösen (18), müssen Sie den Querschnitt periodisch wiederholen, damit er tiefer wird (19).

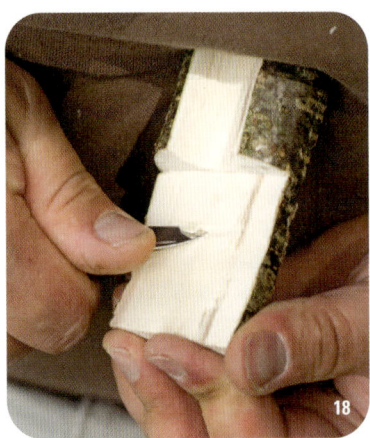

Mit Geduld schnitzen Sie nun die Einbuchtung für die Nase rund. Verwenden Sie dazu die kleine Klinge, damit sind Sie wendiger (14, 15).

Machen Sie etwa 1½ cm unterhalb der Naseneinbuchtung den Querschnitt für die Oberkante des Labiums* (16).

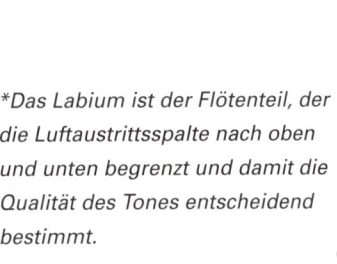

*Das Labium ist der Flötenteil, der die Luftaustrittsspalte nach oben und unten begrenzt und damit die Qualität des Tones entscheidend bestimmt.

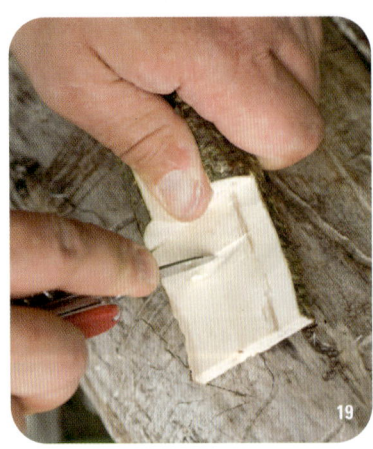

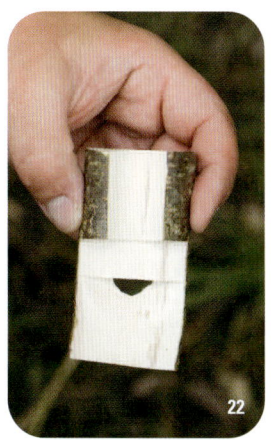

Sobald Sie mit dem Querschnitt durchgebrochen sind (20), schnitzen Sie die grobe Form des Labiumfensters (halbmondförmiges Loch) zunächst von der Rückseite her (21) und schnitzen danach das Labium auf der Vorderseite fertig (22). Für die Tonentwicklung ist es wichtig, dass das Labium exakt ausgeschnitzt wird und keilförmig in eine spitze Kante zuläuft.

Nun bohren Sie mit der Ahle mittig in die Nasenausbuchtung ein Loch (23) und erweitern es mit der kleinen Klinge auf etwa 8 mm (24).

Schnitzen Sie zwischen dem Loch und dem Labium einen Luftkanal frei (25–27). Wichtig ist dabei, dass die Labiumkante nicht verletzt wird.

Querschnitt durch das Hauptelement einer Nasenflöte.

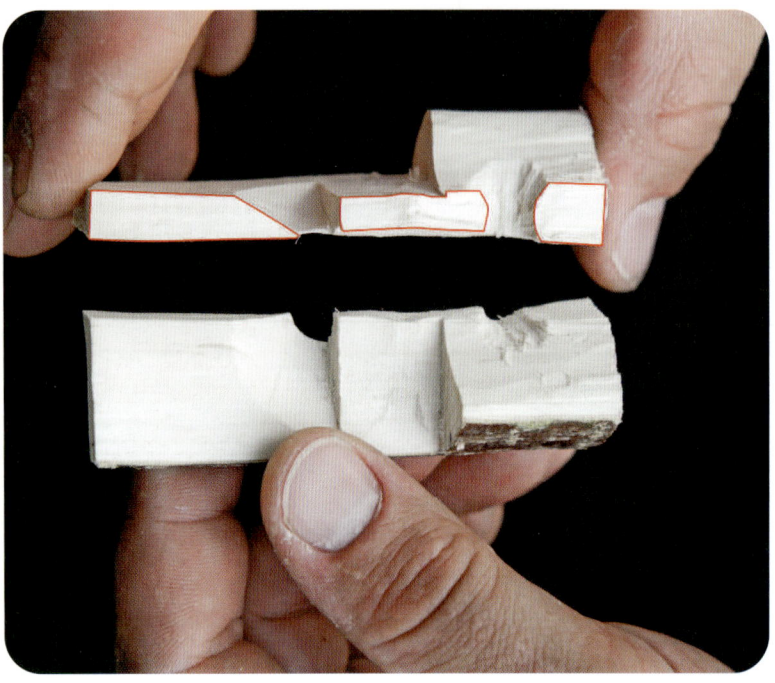

Halten Sie nun die zwei gespaltenen Teile passend zusammen und übertragen Sie mit der Klingenspitze entlang der Oberkante des Labiums eine Markierung auf die Rückwand (28, 29). Auf der Höhe dieser Markierung sägen Sie die Rückwand durch (29) und drücken sie wieder passend an das Hauptelement (30). Nun kann schon mal ausprobiert werden, ob der Flöte Töne entlockt werden können (31). Wenn das noch nicht der Fall ist, muss das Luftloch, der Luftkanal oder das Labium nachgearbeitet werden – je nach Vermutung, wo der Fehler liegen könnte. Sobald die Nasenflöte tönt, kleben Sie die Rückwand an das Hauptelement. Das habe ich schon mit flüssigem Harz bewerkstelligt. Einfacher ist es natürlich, wenn Holzleim zur Verfügung steht.

Spieltechnik

Beim Spielen ist darauf zu achten, dass Sie durch die Nase nur leicht ausatmen, also nicht pusten. Eingeatmet wird durch den Mund. Die Nasenflöte wird sanft von unten an die Nase angesetzt, dabei wird die Nasenspitze etwas hochgedrückt. Das runde Luftloch der Flöte kommt auf der Höhe der Nasenlöcher zu liegen. Der Mund wird geöffnet – etwa so, als sähen Sie plötzlich ein paar Außerirdische vor sich. Die Unterlippe wird locker unterhalb des Labiums aufgesetzt. Nun können Sie durch die Nase ausatmen. Sie brauchen jetzt etwas Geduld. Verschieben Sie die Flöte wenige Millimeter rauf und runter, bis der erste Ton erklingt. Wenn Sie es einmal im Gefühl haben, verändern Sie die Tonhöhe intuitiv mit der Mundhöhle und dem Gaumensegel. Mehr Informationen über Klang und Spieltechnik erhalten Sie auf dem Youtube-Kanal zu diesem Buch, den Sie unter der Rubrik Videos auf der Internetseite www.taschenmesserbuch.ch anklicken können.

Rennwagen

Sägen Sie ein rund 15 cm langes Stück Lindenholz mit einem Durchmesser von etwa 5 cm ab (1).
Stellen Sie durch Spalten einen Quader her, der als Ausgangsform für das Auto dient (2–4).

Mit der großen Klinge glätten Sie die gespaltenen Flächen und korrigieren die Winkel (5, 6).

Der Rennwagen – das millionenfach bewährte Lieblingsspielzeug von Kindern auf der ganzen Welt! Wer dieses Projekt in seinem Repertoire weiß, hat ein leichtes Spiel, Kinder im Wald zu begeistern.

Als Basismaterial für den Rennwagen verwenden Sie ein Weichholz wie Linde, Weide oder Pappel. Es gibt bei diesem Projekt keinen technischen Grund, warum das Auto aus Hartholz geschnitzt sein müsste. Zudem können diese Hölzer mit weniger Kraftaufwand geschnitzt werden. Der anspruchsvollste Arbeitsschritt an diesem Projekt sind die zwei parallelen Löcher, die für die Achsen zu bohren sind.

Die Grobform der Motorabdeckung von vorne.

Nehmen Sie nun den Quader hochkant und sägen Sie etwas hinter der Mitte bis zur Hälfte ein (7). Dann spalten Sie den größeren Teil ab (8).

Aus dem neu entstandenen, dünneren Stück wird später die Frontpartie, aus dem dickeren Teil das Heck mit der Motorabdeckung. Sägen Sie für die Grobform der Motorabdeckung in der Verlängerung der Frontpartie von beiden Seiten 4–5 mm tief ein (9) und spalten das Material vorsichtig von oben her ab (10).

Schnitzen Sie mit der großen Klinge den stromlinienförmigen Übergang von der Motorabdeckung zum Heck (11). Danach runden Sie die Kanten bis zur Endform der Abdeckung ab (12). Anschließend schnitzen Sie die Nase der Frontpartie (13, 14). Und nun kommt die eigentliche Schwierigkeit dieses Projekts: Mit der Ahle werden zwei parallele Löcher für die Radachsen durch das Chassis gebohrt. Um das zu bewerkstelligen, beginnen Sie, auf der einen Seite mit der Ahle zu bohren (15).

Wenn Sie ungefähr die Mitte erreicht haben, stecken Sie ein gerades Ästchen in das Loch (16). Dieses Ästchen zeigt Ihnen die Richtung und Position an, die Sie einhalten

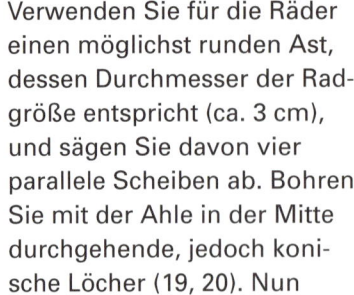

müssen, damit die Löcher beim Bohren von der anderen Seite aufeinandertreffen (17, 18).

Verwenden Sie für die Räder einen möglichst runden Ast, dessen Durchmesser der Radgröße entspricht (ca. 3 cm), und sägen Sie davon vier parallele Scheiben ab. Bohren Sie mit der Ahle in der Mitte durchgehende, jedoch konische Löcher (19, 20). Nun

schieben Sie die Achsen durch den Rumpf und pressen die leicht angespitzten Enden in die Konen an den Rädern (21, 22). Gegen durchdrehende Achsen beim Rennstart hilft jedoch nur, die Räder an die Achsen anzuleimen! Gute Fahrt!

Anhang

Die Taschenmesserprüfung für Kinder und Jugendliche

Die Taschenmesserprüfung könnte man mit der Fahrradprüfung in der Grundschule vergleichen. Unter fachkundiger Anleitung werden die Kinder mit den nötigen Verkehrsregeln vertraut gemacht und entwickeln ein Bewusstsein für sicheres Verhalten im Straßenverkehr. Auf die bestandene Fahrradprüfung sind die Kinder stolz. Übertragen auf den Umgang mit dem Taschenmesser, dient die im Folgenden vorgestellte Prüfung dem gleichen Ziel: Sie schafft Verbindlichkeit und eine Vertrauensbasis bezüglich der maßgeblichen Sicherheitsregeln. Durch die Vorbereitung auf die Prüfung erwerben die Kinder ein Grundlagenwissen und erhalten die Möglichkeit zur Einübung der erforderlichen Fertigkeiten.

Wer die Prüfung bestanden hat, bekommt ein Taschenmesser-Diplom. Dieses Zeugnis attestiert dem Kind, dass es selbstständig schnitzen kann, und nimmt es in die Pflicht, die Sicherheitsregeln selbstverantwortlich einzuhalten. Die feierliche Überreichung des Diploms versinnbildlicht auch die Übertragung von Verantwortung auf das Kind.

Vorgefertigte Diplome, den Taschenmesser-Comic mit den Sicherheitsregeln und Arbeitsblätter zur Vorbereitung auf die Prüfung können Sie unter www.taschenmesserbuch.ch herunterladen und in beliebiger Anzahl ausdrucken. Taschenmesser-Workshops für Erwachsene und Taschenmesserprüfungen für Gruppen und Schulklassen biete ich in Zusammenarbeit mit meinen Projektpartnern vom Erlebnisgarten Buchhorn an. Weitere Informationen finden Sie unter der www.buchhorn.ch.

Die Prüfungsvorbereitung

Übung macht den Meister. Eine erfolgreiche Absolvierung der Taschenmesserprüfung setzt voraus, dass sich die Kinder vorher intensiv mit dem sicheren und korrekten Einsatz des Taschenmessers auseinandergesetzt haben. Die Kinder müssen Zeit und Gelegenheit erhalten, die praktische Anwendung einzuüben. Es empfiehlt sich, die Sicherheitsregeln zusammen mit den Kindern zu erarbeiten (siehe auch Sicherheitsregeln, Seite 40).

Der Wortlaut der Regeln muss nicht genau mit der Vorgabe im Buch übereinstimmen. Vereinbarungen, welche die Kinder selbst mitentwickelt haben, sind für sie einfacher einzuhalten als ein von oben verordnetes Regelwerk.

Üben Sie erst nach dem Erstellen der Sicherheitsregeln die grundlegenden Schnitztechniken mit den Kindern.

Mit einer Vorbereitungszeit von 4–8 Stunden (am besten verteilt auf zwei bis drei Tage) sollten alle Kinder in der Lage sein, die Prüfung zu bestehen. Wenn genügend Personal vorhanden ist, kann die praktische Vorbereitung auch in Form von Stationen stattfinden. An jeder der vier Stationen – Grobschnitt mit der große Klinge, Feinschnitt mit der kleinen Klinge, Sägen mit der Holzsäge

und Bohren mit der Ahle – wird ein Werkzeug vorgestellt und die Anwendung geübt. Vielleicht haben Sie sogar noch die Möglichkeit, mit den Kindern durch einen Wald zu spazieren und das Sammeln von geeignetem Schnitzholz zu thematisieren.

Durchführung

Empfehlenswert ist es, die Taschenmesserprüfung in einen Wald- oder Outdoor-Tag einzubetten. Die Kinder sind in der Natur entspannter, und der Tag bleibt nachhaltiger in Erinnerung, als wenn die Taschenmesserprüfung auf dem Schulhausplatz stattfindet. Vielleicht bereiten Sie noch einen Brotteig für Stockbrot vor, den die Kinder in der Pause über dem Feuer backen können, und als Belohnung für die bestandene Prüfung können die Kinder Marshmallows auf selbst geschnitzten Bratspießen rösten. Denken Sie daran, im Tagesablauf Pausen einzuplanen, und bereiten Sie im Vorfeld genügend Arbeitsplätze vor.

Bei der Durchführung der Taschenmesserprüfung sollten Sie zunächst nochmals die Sicherheitsregeln zusammen mit den Kindern durchgehen und sie von ihnen erklären lassen. Im praktischen Teil setzen alle zusammen ein einfaches Taschenmesserprojekt Schritt für Schritt um. Der Betreuer zeigt den Arbeitsschritt vor, die Kinder schnitzen nach. Zentral dabei ist, dass die Kinder die Schnitztechniken korrekt anwenden und dabei die Sicherheitsregeln einhalten. Dabei sollte mindestens eine Aufsichtsperson auf zehn Kinder zur Verfügung stehen.

Prüfungsinhalte

Es liegt im Ermessensspielraum der Betreuungsperson, welches Projekt sie mit den Kindern erarbeiten und wie stark sie dabei ins Detail gehen möchte. Ein minimales Basiswissen soll sich jedoch jedes Kind, unabhängig vom Alter oder von der Größe der Gruppe, aneignen können.

Ästen oder einem Haufen mit Schnittabfällen zur Verfügung steht, sollte die Betreuungsperson das Schnitzholz zur Verfügung stellen (siehe auch Seite 42).

Wer hat die Prüfung bestanden?

Das Resultat der Schnitzarbeit ist nebensächlich. Im Vordergrund steht bei der Prüfung, dass das Kind Verantwortungsbewusstsein zeigt, mit Konzentration dabei bleibt und die Techniken korrekt anwendet – unter Einhaltung der Sicherheitsregeln. Auch ein Kind, das bei der Herstellung des Prüfungsstücks um Unterstützung bittet, soll die Prüfung bestehen können. Es schätzt seine Fähigkeiten richtig ein und fordert bei Arbeitsschritten, die es sich noch nicht zutraut, Unterstützung an.

Die Entscheidung, wer schließlich ein Diplom erhält und wer noch nicht bereit dazu ist, eigenverantwortlich mit dem Taschenmesser umzugehen, liegt in der Verantwortung der Betreuungsperson.

Der minimale Inhalt der Taschenmesserprüfung

- Das Kind kennt die Taschenmesserregeln, kann sie begründen und wendet sie an.
- Das Kind kennt die wichtigsten Schnitztechniken und kann sie anwenden:
  – Grobschnitt mit der großen Klinge
  – Feinschnitt mit der kleinen Klinge
  – Schaben
  – Sicheres Sägen mit der Holzsäge
  – Handhabung der Ahle

Das Prüfungsobjekt

Das Prüfungsobjekt muss dem Alter des Kindes angepasst sein. Mit einer Gruppe von 9–12-jährigen Kindern ist beispielsweise ein Klangstab oder ein Bratspieß mit einer Spitze und einem Rindenmuster schon anspruchsvoll genug. Für Schüler und Schülerinnen ab 13 Jahren wäre eine Gabel oder ein Kreisel ein geeignetes Taschenmesserprojekt für die Prüfung. Dabei ist der Materialverbrauch relativ gering, und es kommen die grundlegenden Schnitztechniken zum Einsatz. Wenn kein geeignetes Waldstück mit umgestürzten Bäumen, abgebrochenen

Technische Grundlagen

Fachbegriffe

Um Schnitztechniken präzise erklären zu können, bedarf es der Kenntnis einiger Fachbegriffe. Insbesondere Werkzeuge und Klingenbestandteile sollten dem Anwender geläufig sein. Abgesehen davon ist ein Blick ins Innenleben des Taschenmessers lehrreich für das technische Verständnis seiner Funktionen.

Taschenmesser-Werkzeuge
1 Kapselheber mit Schraubendreher und Drahtisolierer
2 Dosenöffner mit kleinem
   Schraubendreher
3 Stech- und Bohrahle
4 Splintring
5 Kleine Klinge
6 Große Klinge
7 Korkenzieher
8 Pinzette
9 Zahnstocher

Taschenmesser-Bestandteile
10 Griffschale (Cellidor)
11 Rosette (Messing)
12 Nietenstift (Messing)
13 Endlage (Aluminium)
14 Feder (Federstahl)
15 Werkzeugtalon
16 Zwischenlage (Aluminium)
17 Distanzteil
18 Pinzetten-/Zahnstocher-
   schacht
19 Stecknadelschacht

Klingenteile
20 Klingenfläche
21 Klingenspitze
22 Klingenrücken
23 Schneide
24 Talon
25 Nagelhieb
26 Kerbe (Auslaufzone
   für Schleifscheibe)

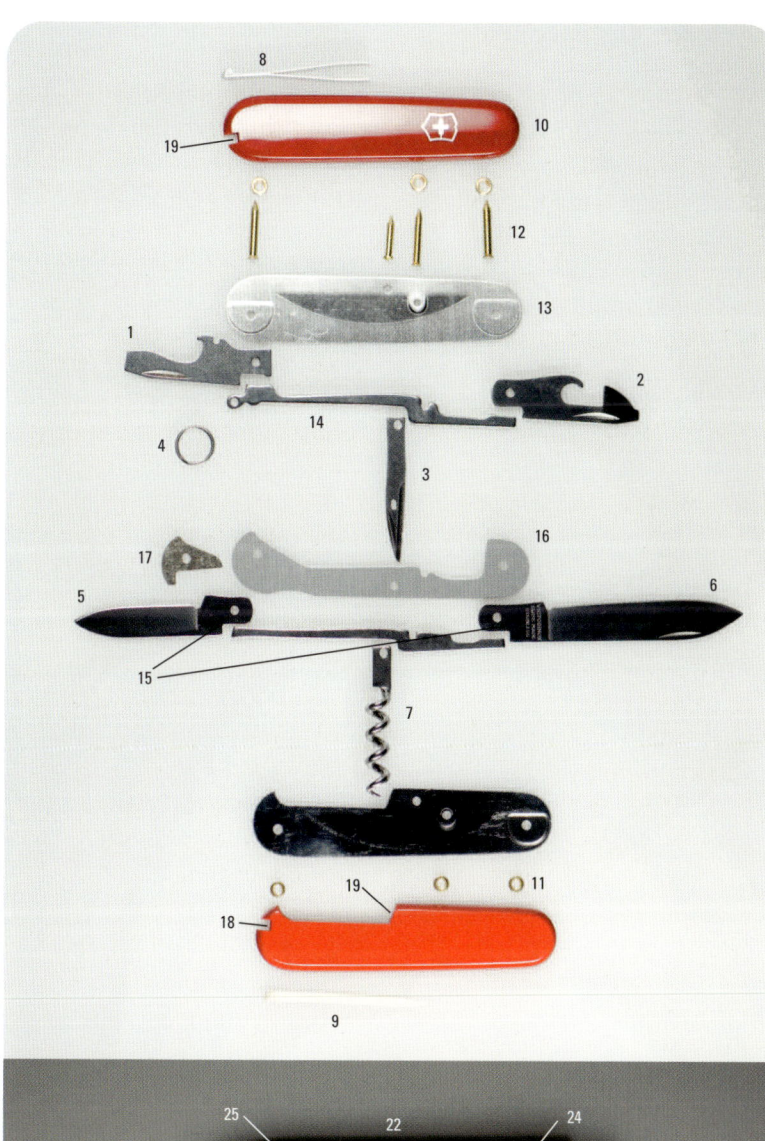

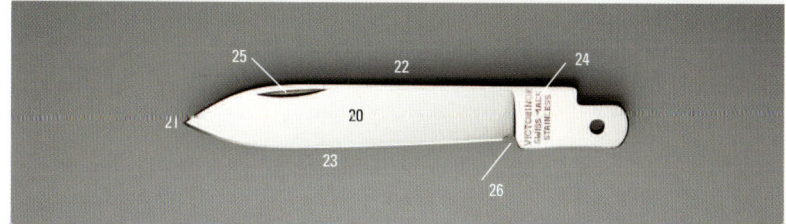

Aufbau und Funktion

Das Original Schweizer Offiziersmesser ist in einem
Lagensystem aufgebaut. Jede
Werkzeuglage ist durch eine
Zwischenlage aus Aluminium
abgeschlossen. In den einzelnen Lagen gibt es spezielle
Werkzeugpaarungen, die sich
größenmäßig ergänzen. So ist
zum Beispiel das Gegenstück
zur Schere immer der Mehr-
zweckhaken. Große Klinge,
kleine Klinge und Korkenzieher
bilden zusammen eine Lage.
Der Dosenöffner, der Kapselheber und die Ahle bilden eine
weitere Lage. Den Abschluss
des Messerkörpers auf beiden
Seiten bilden die Deckbleche
aus Aluminium. Die Lagen
werden mit drei Messingnieten
zusammengehalten. Auf die
Rosetten, beidseits der drei
Nietenstifte, werden die Griffschalen aus organischem Cel-
lidor-Kunststoff gepresst.
Wenn die Griffschalen verkratzt
oder beschädigt sind, können
sie einzeln nachgekauft und
leicht auswechselt werden
(siehe dazu Seite 182).

Das Funktionsprinzip der Federn

Die große Klinge ist eingeklappt. Die Feder steht nur
gering unter Spannung (1, 2).
Beim Öffnen der großen Klinge
wird die Feder durch den Talon
der großen Klinge zurückge-
drückt (3, 4).

Beim Einrasten der Klinge hört
man es deutlich klicken. Die
Feder steht nun nur gering
unter Spannung und dient
stirnseitig als Anschlag, damit
sich die Klinge unter Belastung
nicht weiter öffnet (5, 6).

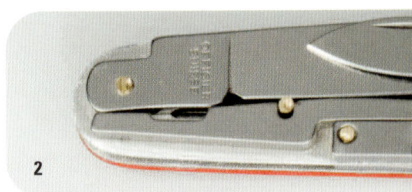

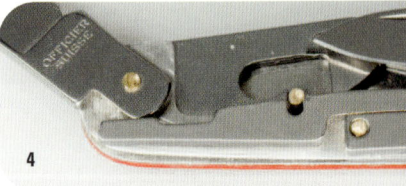

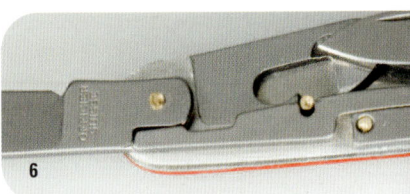

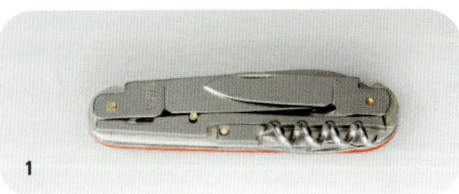

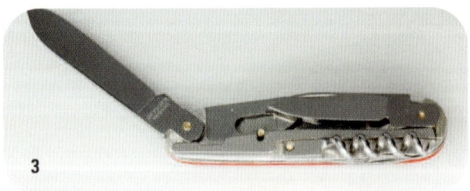

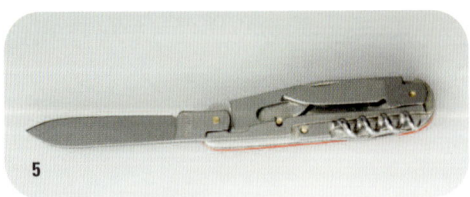

Damit das Messer nicht verloren geht

Ein Taschenmesser ist schnell verwechselt, verlegt oder verloren. In der freien Natur, auf dem laubbedeckten Waldboden, im Schnee oder im hohen Gras kann es schwierig werden, ein Messer wiederzufinden. Im Fachhandel sind verschiedene Accessoires erhältlich, die einem Verlust des Taschenmessers vorbeugen können, zum Beispiel Umhängebänder (1), Kordeln und Panzerketten (2) in diversen Ausführungen. Es ist jedoch davon abzuraten, das Taschenmesser mit einem Umhängeband um den Hals zu tragen (3). Bei Kindern kann es schnell passieren, dass sie die Klinge nach dem Gebrauch nicht einklappen und sich an der offenen Klinge verletzen. Trägt das Kind sein Messer hingegen einfach in der Hosentasche, ist es gezwungen, die Klinge einzuklappen, wenn es das Messer nicht mehr benötigt.

Für eine uneingeschränkte Bewegungsfreiheit beim Schnitzen ist es empfehlenswert, das Messer aus dem Karabiner auszuhängen und nach Gebrauch wieder einzuhängen. Selbstverständlich kann das Messer für kleinere

Arbeiten, wie das Ablängen einer Schnur, am Karabiner gelassen werden. Alternativ zu Kette und Band gibt es Gürteletuis aus Nylon oder Leder (4). Diese Etuis sind etwas teurer, aber ideal, um auch größere Messer bequem zu tragen und zuhause geschützt aufzubewahren.

5

Wenn man mit jüngeren Kindern im Wald unterwegs ist, ist es sinnvoll, dass die betreuende Person die Messer aufbewahrt. Kinder, die schnitzen wollen, holen sich dann ihr Messer beim Betreuer ab. So behält man die Kontrolle und kann das Kind bei der Abgabe des Messers fragen, was und wo es schnitzen will. Wenn das Kind fertig ist oder eine Pause macht, sollte es das Messer dem Betreuer zur Aufbewahrung zurückgeben. So gehen weniger Messer verloren.

Zur eindeutigen Identifizierung des Messers, kann der Name der Besitzerin oder des Besitzers in die Klinge oder Kunststoffschale eingraviert werden (5). Einige Taschenmesserverkäufer bieten diesen Service kostenlos an. Die Kunststoffschale des Taschenmessers kann alternativ auch mit einem wasserfesten Filzschreiber beschriftet werden.

Die Pflege des Taschenmessers

Reinigen des Messers

Ihr Taschenmesser wird Ihnen länger und besser seinen Dienst erweisen, wenn Sie ihm eine minimale Pflege zukommen lassen.

Beim Schneiden oder Schälen von Früchten kann Fruchtsaft in den Messerkörper fließen, was die Werkzeuge nach dem Eintrocknen verklebt. Auch

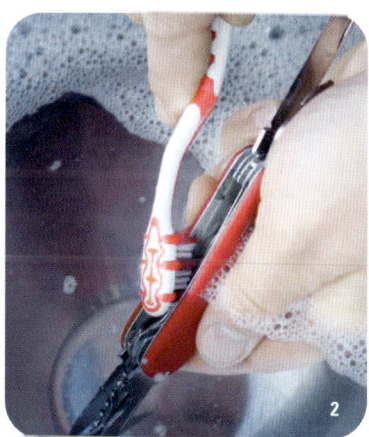

harzreiches Holz oder zucker-haltige Lebensmittel können die Werkzeuge verkleben oder verschmutzen. Tauchen Sie zur Reinigung das Messer einfach in warmes Wasser und klappen

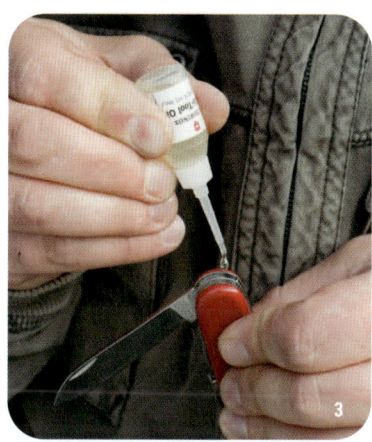

Sie die Klingen mehrmals auf und zu (1). Sie werden merken, dass sich das Messer bald wieder mühelos öffnen und schließen lässt.

Bei grober Verschmutzung legen Sie das Taschenmesser einige Stunden in ein warmes Wasserbad, dem Sie etwas Spülmittel zugeben. Danach können Sie mit einer Bürste (z. B. alte Zahnbürste) die Ver-unreinigungen lösen (2). Profis verwenden ein Ultraschallbad zur Reinigung. Victorinox empfiehlt, Taschenmesser nicht in der Geschirrspülma-schine zu reinigen. Die hohen Temperaturen in der Spülma-schine und die waschaktiven Substanzen können die Griff-schalen ausbleichen oder beschädigen.

Am besten geben Sie nach dem Reinigen und Trocknen einen Tropfen Öl auf die Gleit-flächen zwischen Talon und Feder (3, 4). Dabei ist die Wahl des richtigen Öls wichtig; ein ungeeignetes Öl kann das Taschenmesser unter Umstän-den sogar noch stärker ver-kleben als zuvor. Victorinox empfiehlt das Multi-Tool Oil; es ist geruchs- und geschmacks-neutral, hat eine hohe Alte-rungsbeständigkeit und bietet einen guten Schutz gegen Ver-schleiß und Korrosion.

Auswechseln der Griffschalen

Die Kunststoff-Griffschalen der Victorinox-Taschenmesser sind auf die Nietenköpfe, die den

Messerkörper zusammenhalten, aufgepresst. Ausgediente Griffschalen können problemlos selbst entfernt und durch neue ersetzt werden.

• Schieben Sie dazu eine schmale Klinge zwischen Schale und Messerkörper. Durch eine leichte Kippbewegung der Klinge kann die Schale gelöst werden (1). Diesen Vorgang wiederholen Sie beidseitig bei jedem Nietenkopf, um beide Schalen vollständig vom Messerkörper zu trennen.

• Legen Sie die beiden neuen Ersatzschalen so auf den Messerkörper, dass die Schale passgenau auf dem Messerkörper aufliegt (2).

• Zwischen den Backen eines Schraubstockes können die Schalen anschließend vorsichtig aufgedrückt werden (3). Achtung! Legen Sie etwas Weiches zwischen Spannbacken und Messer (Gummi, Stoff oder Karton), um die Schalenoberflächen nicht zu beschädigen. Im Bild werden Gummispannbacken verwendet.

Schärfen der Werkzeuge

Jedes Schneidewerkzeug muss irgendwann einmal nachgeschärft werden. Wir beschäftigen uns im Folgenden mit dem Schärfen der Messerklingen. Selbstverständlich können bei Bedarf auch die übrigen Werkzeuge eines Taschenmessers wie Ahle, Büchsenöffner, Holzmeißel oder Schere nachgeschärft werden. Das Nachschärfen dieser Werkzeuge erfordert jedoch Schleiferfahrung und ist in der Regel nicht nötig.

Oben: Schnitzen von Holz mit einer stumpfen Messerklinge. Die Holzfasern werden stark gestaucht und brechen, bevor sie geschnitten werden. Die Schnittfläche im Holz wird rau. Das Arbeiten mit einer stumpfen Klinge erfordert einen hohen Kraftaufwand, und das Messer ist schlecht zu führen. Unten: Mit einer sauber geschliffenen Klinge werden die Holzfasern nur gering gestaucht. Das Schnitzen mit einer scharfen Klinge erfordert spürbar weniger Kraft, auch ist das Messer besser zu führen. Die Schnittfläche im Holz ist zudem sauber.

Wie erkenne ich eine stumpfe Schneide?

In erster Linie schneidet ein stumpfes Messer einfach nicht mehr gut. Oft merkt man das erst im direkten Vergleich zu einem scharfen Messer. Um zu testen, ob ein Messer stumpf ist, streichen viele Leute mit der Daumenkuppe quer zur Klinge über die Schneide. Dieser Test ist nicht aussagekräftig, da ein abstehender Grat oder eine raue Schneidekante das subjektive Gefühl einer scharfen Klinge vermittelt. Der Lichttest hingegen ist eine optische Prüfmethode, die eine zuverlässige Aussage über den Zustand der Schneide zulässt.

Lichttest

Wenn man eine stumpfe Schneide in eine starke Lichtquelle hält, sieht man einen hellen Streifen auf der Schneidekante (Abb. 1, unteres Messer). Das Licht wird auf der Fläche der abgerundeten Schneidekante reflektiert. Hält man dagegen eine scharfe Klinge ins Licht, wird kein Licht reflektiert. Die Schneidekante weist keine Fläche auf, an der sich das Licht reflektieren könnte (Abb. 1, oberes Messer). Darum ist an einer scharfen Schneide kein heller Streifen sichtbar.

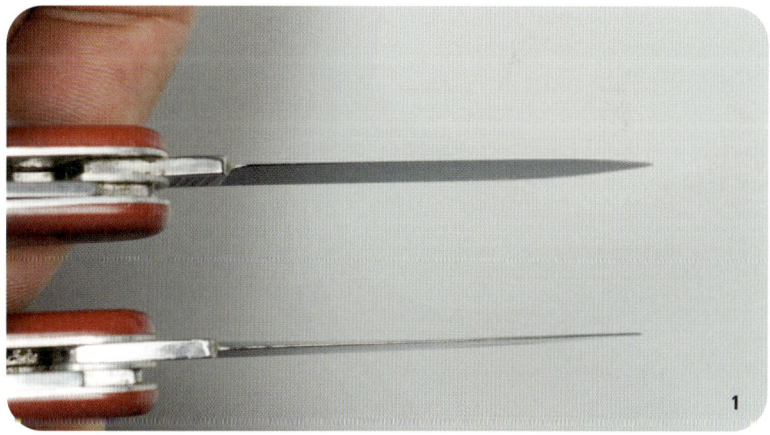

Der richtige Winkel beim Schärfen

Abbildung 1 zeigt den Querschnitt einer Taschenmesserklinge. Der Schneidewinkel einer Taschenmesserschneide liegt zwischen 35 und 40 Grad. Er wird durch die beiden Schneidephasen gebildet. Der Klingenwinkel beträgt circa 7 Grad.

Abbildung 2 zeigt, in welchem Winkel zur Schleifunterlage gearbeitet werden muss, um den erwünschten Schneidenwinkel von 35 bis 40 Grad zu erhalten. Wenn Sie sich zur Kontrolle des Schleifwinkels eine Schablone anfertigen möchten, müssen Sie daran denken, dass Sie die Hälfte des Klingenwinkels vom Schleifwinkel abziehen müssen. Eine Schablone, die als Schleifhilfe zwischen Klinge und Schleifunterlage geklemmt wird, hat

also lediglich 14 bis 17,5 Grad. Beim Schärfen der Schneide liegt jeweils nur die Schneidenphase auf dem Schleifstein auf.

Körnung des Schleifmittels

Grobe Schleifmittel (Körnung 80–600) ergeben eine grobe Schneidenphase (3). An der Schneide entstehen dabei kleine unregelmäßige Zacken, die beim Schnitzen in Holz zu einer rauen Oberfläche führen.

Eine solche Schneide stumpft schnell ab. Für gewisse Verwendungszwecke, zum Beispiel das Schneiden einer Tomate, ist dieser Schliff jedoch gut geeignet.

Schleifmittel für den Feinschliff (Körnung 800–1500) sind für die Endschärfe vieler Gebrauchsmesser ausreichend (4). Die Schneidenphasen sind annähernd glatt und das

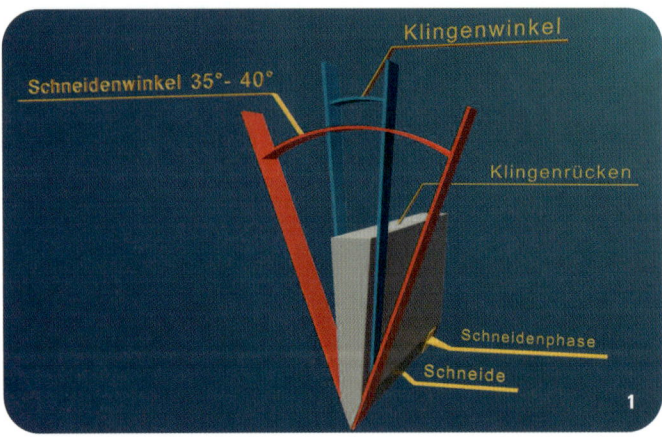

Messer bleibt im Gebrauch länger scharf. Mit den nachfolgend vorgestellten Victorinox-Messerschärfern werden Resultate dieser Qualität erzielt.

Wer der Schneide den letzten Biss geben will, muss die Schneidenphasen polieren. So werden die Schnittflächen im Holz glatt. Eine Schneide in dieser Qualität ist nur für ambitionierte Schnitzer erforderlich (5).

Drei Schärfsysteme von Victorinox im Vergleich

 Mini-Sharpy

Mit dem Mini-Sharpy (1) können auch Anfänger im Messerschärfen ihr Taschenmesser schnell, einfach und sicher nachschärfen. Schon wenige Züge mit dem Mini-Sharpy über die Schneidenkante reichen aus, um dem Messer wieder eine gute Gebrauchsschärfe zu verleihen. Auch Klingen mit Wellenschliff können mit dem Mini-Sharpy geschärft werden. Die gekreuzten Hartmetallplättchen in seinem Inneren bilden einen Schleifwinkel von 40 Grad. Dieser fest vorgegebene Schleifwinkel bietet einen guten Kompromiss zwischen

Schärfe und Lebensdauer der Schneide. Eine mit dem Mini-Sharpy nachgeschliffene Klinge eignet sich für alle Anwendungsbereiche eines Taschenmessers. Dank seiner handlichen Größe und des geringen Gewichts ist der preiswerte Mini-Sharpy auch ideal für unterwegs. Ambitionierte Schnitzer können die Schneide nach dem Schärfen mit dem Mini-Sharpy durch eine zusätzliche Politur bis zur Rasiermesserschärfe ausschleifen.

Anleitung: Legen Sie das Messer mit dem Rücken auf einen Tisch oder eine andere feste Unterlage. Halten Sie das Messer am Griff fest und ziehen den Mini-Sharpy zwei- bis viermal mit dosiertem Druck über die gesamte Schneidekante vom Griff bis zur Spitze (2). Um den Schliff zu glätten, streichen Sie anschließend zwei- bis sechsmal mit weniger Druck über die Schneide. Um sogenannte Rattermarken (Querstreifen) im Schliffbild zu vermeiden, ist es wichtig, dass der Anpressdruck und die Geschwindigkeit, mit der Sie den Mini-Sharpy über das Messer ziehen, auch über den abgerundeten Teil der Schneide hinweg konstant bleiben. Bei Wellenschliffklingen ist die Handhabung

Schliffbild einer Taschenmesser-klinge nach dem Schärfen mit dem Mini-Sharpy.

des Mini-Sharpy anspruchs-voller. Hier ist es wichtig, eine gute Mischung zwischen Druck und Vorschubgeschwindigkeit zu finden, damit der Messer-schärfer nicht einfach jedes Wellental überhüpft. Der Schutzbügel gewährleistet einen sicheren Gebrauch. Die beiden äußerst verschleiß-festen Hartmetallplättchen aus Wolframcarbid können gewen-det werden, falls Sie mit der Schärfperformance des Mini-Sharpy nicht mehr zufrieden sein sollten.

 ### Der Dual-Messer-schärfer

Der Dual-Messerschärfer (1) ist kaum größer als ein Kugel-schreiber und wiegt nur 23 Gramm. Auf der einen Seite befindet sich ein blauer Korund-Schleifstab und auf der anderen Seite ein V-Schleifer aus zwei weißen, überkreuzten Keramikelementen. Den Korund-Schleifstab (Körnung 360) kann man für die etwas gröberen Schleifarbeiten ver-wenden, zum Beispiel wenn das Taschenmesser stumpf ist oder um eine kleine Scharte auszubessern. Der V-Schleifer (Körnung 1000) ist für das Finish gut geeignet, oder wenn man die Taschenmesser-schneide nur geringfügig nach-schleifen muss. Die Rillen an den flachen Seiten des Schleif-stabs dienen dazu, die Spitzen eines Fischerhakens zu schärfen.

Anleitung: Um mit dem Schleifstab zu arbeiten, ist es von Vorteil, wenn Sie Erfah-rung im Freihandschleifen mit-bringen. Wichtig ist, den Schleifwinkel von 17,5 bis 20 Grad konstant zu halten (2). Als Unterstützung für Anfänger ist es empfehlenswert, einen Winkel aus Karton anzufer-tigen, mit dem man den Schleifwinkel immer wieder vergleichen kann (siehe Seite

184). Klemmen Sie den Winkel auch ruhig mal zwischen den Schleifstab und die Schneide. Mit der Zeit erhalten Sie ein Gespür für den richtigen Winkel. Um zu kontrollieren, an welchen Stellen Sie beim Schleifvorgang Material von der Schneidenphase abtragen, können Sie auch die Schnei-denphase vor dem Schleifen mit einem wasserfesten Filz-schreiber übermalen. Nach

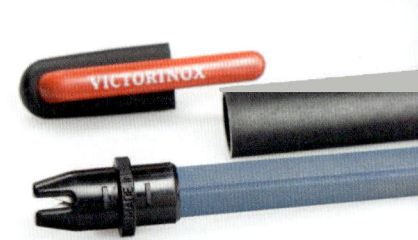

1

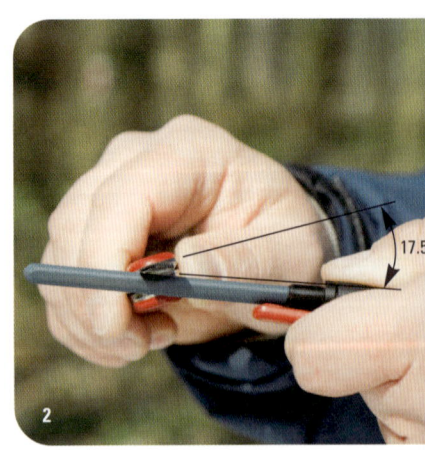

2

einigen Schleifzügen sehen Sie, an welchen Stellen die Markierung abgeschliffen wurde, und können so Ihren Schleifwinkel korrigieren. Der richtige Ablauf der Schleifbewegung ist auf den folgenden Bildern dargestellt. Achten Sie darauf, dass die Klinge vom Talon bis zur Klingenspitze in einer harmonischen Bewegung über die Schleiffläche geführt wird (3–8).

Auf der anderen Seite des Dualschleifers befindet sich, versteckt unter einer kleinen Schutzkappe, der V-Schleifer. Zum Nachschärfen mit dem V-Schleifer legen Sie den Messergriff auf eine stabile Unterlage. Mit sanftem Druck ziehen Sie die Keramikelemente vom Griff bis zur Messerspitze über die Klinge (9). Diesen Vorgang wiederholen Sie ein paar Mal.

Oben: Schliffbild Dual-Schleifstab, Körnung 360.
Unten: Schliffbild Dual-V-Schleifer, Körnung 1000.

Um die Oberfläche der Schneidekante zu glätten, ziehen Sie den V-Schleifer erneut zweibis sechsmal mit wenig Druck über die Klinge (siehe Anleitung für Mini-Sharpy, Seite 185).

Mit etwas Übung ist mit dem V-Schleifer auch das Nachschärfen von Klingen mit Wellenschliff möglich. Wenn Sie für eine Klinge mit Wellenschliff den Schleifstab verwenden, werden die Zähne einzeln geschärft. Dazu müssen Sie den Schleifstab um 90 Grad drehen, sodass der kleine Radius des Schleifstabes zum Einsatz kommt. Drücken

Sie das Messer auf eine feste Unterlage und kippen es leicht ab, um den richtigen Schleifwinkel zu erhalten. Führen Sie den Schleifstab waagerecht und bewegen ihn wie eine Feile (10).

 **Der Diamant-Messerschärfer**

Der Diamant-Messerschärfer (1) von Victorinox ist 15 cm lang und wiegt nur 20 Gramm. Die Schleifoberfläche ist mit Partikeln aus kubischem Bornitrid (CBN) beschichtet. Diamant und CBN gelten als die härtesten Schleifstoffe und eignen sich zur Bearbeitung von sehr harten Werkstoffen. Die Korngröße der CBN-Partikel beträgt 35 Mikrometer; das entspricht etwa der Körnung 800. Damit steht der Diamant-Messerschärfer im Übergangsbereich vom Grobschliff zum Feinschliff. Die Partikel aus CBN sind auf einem Stahlgrundkörper in eine Nickelmatrix eingebettet, aus der sie etwa zur Hälfte herausragen (2). Dadurch entsteht ein offenporiges, sehr verschleißfestes Schärfewerkzeug, das selbst bei härtesten Werkstoffen einen raschen Abtrag gewährleistet. Der Diamant-Messerschärfer liefert sehr gute Ergebnisse.

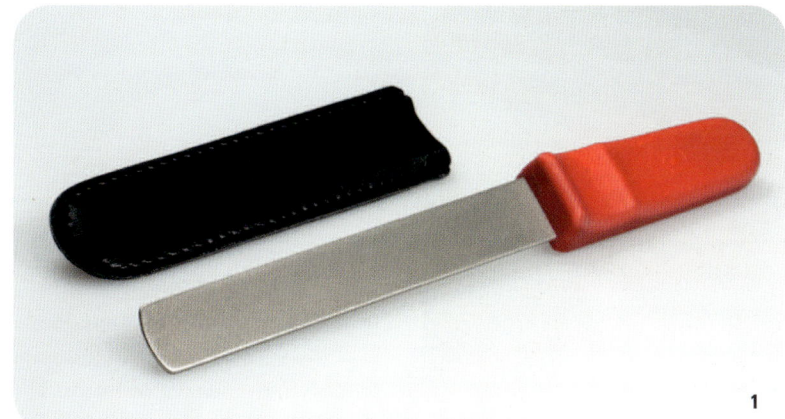

Nickelschicht   CBN-Korn

Stahlplatine

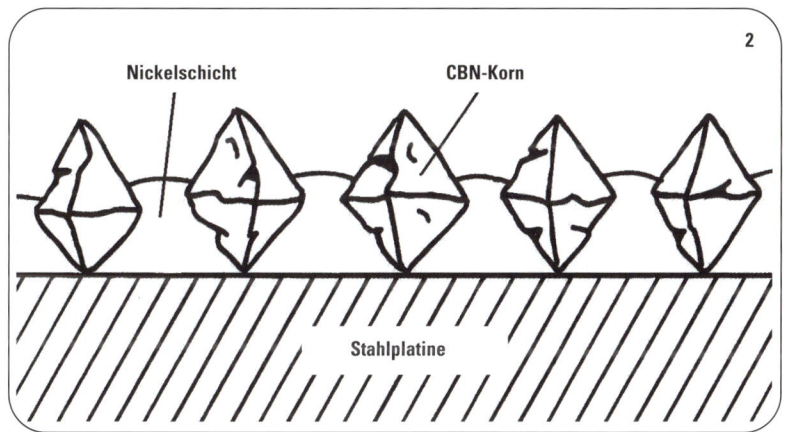

17.5–20°

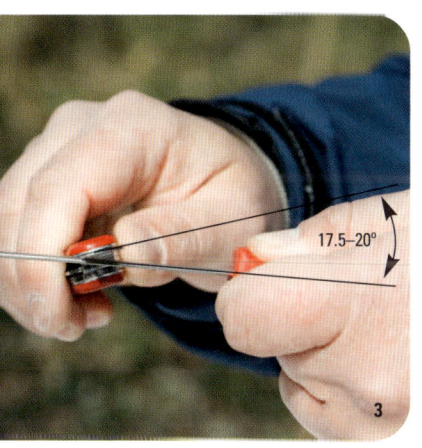

Anleitung: Auch beim Messer-schärfen mit dem Diamant-Messerschärfer (3) ist Erfah-rung im Freihandschleifen von Vorteil (vgl. Anleitung für Dual-Schleifstab, Seite 186). Der Bewegungsablauf und die Technik sind dieselben wie beim Schleifen mit einem großen Schleifstein. Beim Schleifvorgang mit dem Dia-mant-Messerschärfer ist darauf zu achten, dass die Klinge vom

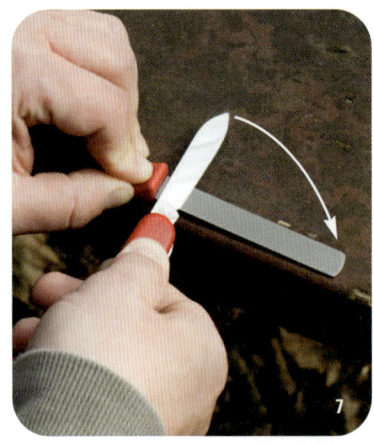

Talon bis zur Klingenspitze in einer harmonischen Bewegung und mit gleichmäßigem Druck über die Schleiffläche geführt wird (5–9).

Oben: Schliffbild einer Taschenmesserklinge nach dem Schärfen mit dem Diamant-Messerschärfer.

Tipp: Es ist von Vorteil, wenn Sie die Schleiffläche vor dem Schärfen mit Wasser benetzen. Der Wasserfilm auf der Schleiffläche dient zur Kühlung und verhindert, dass der Schleifstaub die Schleiffläche verstopft. Sie können mit wenig Pressdruck einen erstaunlichen Abtrag der Klinge bei minimalem Verschleiß der CBN-Körner erzielen. Bei zu viel Druck besteht jedoch die Gefahr, dass die Körner aus der Nickelmatrix ausbrechen. Fertigen Sie eine Schablone aus Holz oder Karton an, um ein Gefühl für den richtigen Schleifwinkel zu erhalten (siehe Seite 184).

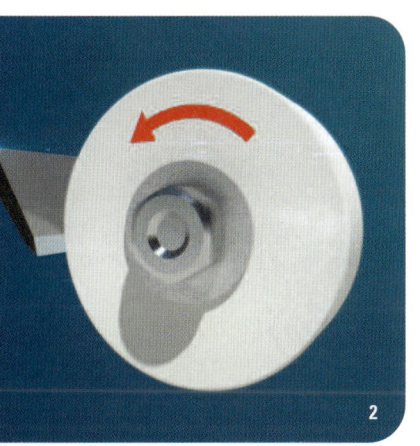

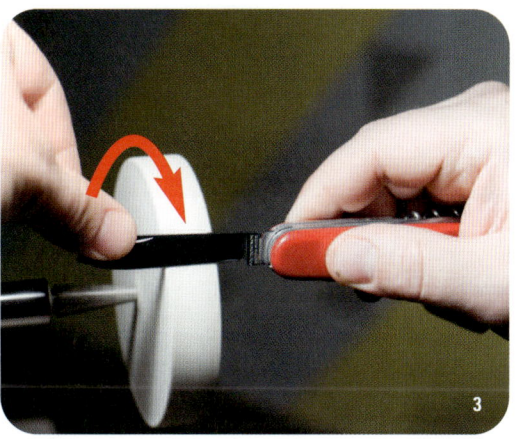

 ## Polieren der Schneide

Die maschinelle Politur

Da nach dem Schärfen mit dem Diamant- oder Korundschleifstein die Schneidenphasen nicht völlig glatt sind, kann die Klinge zusätzlich poliert werden.

Eine effektive – aber nicht ungefährliche – Möglichkeit, eine Taschenmesserschneide zu polieren, ist das Polieren mit einer Filz- oder Schwabbelscheibe. Solche Scheiben für Bohrmaschinen oder Doppelschleifer gibt es in jedem gut sortierten Handwerkermarkt. Lassen Sie die Maschine mit einer hohen Tourenzahl laufen, und geben Sie etwas Polierwachs an die laufende Scheibe. Halten Sie die Klinge mit höchster Vorsicht und sanftem Druck flach an die Polierscheibe (1).

Vorsicht!

Achten Sie beim Polieren stets darauf, dass Sie die Schneide in Drehrichtung an die Scheibe halten (2, 3)! Wird das Messer falsch herum an die Scheibe gedrückt, hängt sich die Schneide an der Scheibe ein, das Messer wird Ihnen aus der Hand gerissen und fliegt unkontrolliert und mit großer Wucht durch den Raum. Diese Variante des Polierens ist daher nur für geübte Handwerker zu empfehlen und keinesfalls für Kinder geeignet.

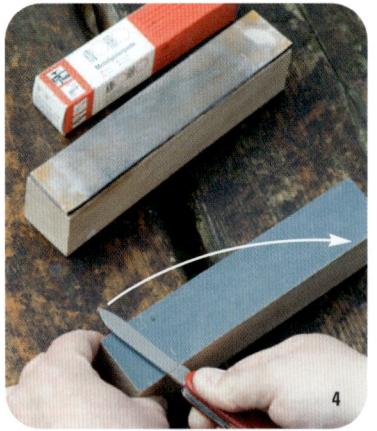

Die Handpolitur

Eine ungefährlichere Variante des Polierens, die sich auch für Kinder oder Anfänger eignet, ist das Polieren von Hand mit Polier-Schleiftuch und Lederriemen. Mit etwas Zeit und Übung kann man damit sehr gute Schleifresultate erzielen.

Kleben Sie mit doppelseitigem Klebeband ein Stück Poliertuch (Körnung 600) auf eine

15–20 cm lange Holzlatte und machen Sie dieselben Schleifbewegungen wie beim Korund-Schleifstab oder beim Diamant-Schärfer (4, 5).

Danach glätten Sie die Klinge mit der rauen Seite eines Stückes Ledergürtel, das Sie vorher ebenfalls auf ein Stück Holz aufgeklebt haben. Tragen Sie etwas Polierpaste auf. Auch beim Lederriemen

Oben: Schliffbild einer polierten Taschenmesserschneide.

bleiben die Schleifbewegungen die gleichen, nur die Richtung wechselt. Sie ziehen also das Messer von der Kante weg (6, 7).

Wie erkenne ich, dass mein Taschenmesser scharf ist?

Es gibt verschiedene Möglichkeiten, wie Sie testen können, ob Ihr Taschenmesser scharf ist.

Ein scharf geschliffenes Taschenmesser gleitet bei vorsichtigem Darauflegen nicht vom Daumennagel ab, sondern bleibt durch sein Eigengewicht stehen (1).

Ein scharfes Taschenmesser gleitet nicht vom Kunststoffmantel eines Kugelschreibers ab, es hält sich durch sein Eigengewicht fest (2).

Ein scharfes Taschenmesser schneidet ein Stück Papier durch, das mit zwei Fingern gehalten wird, ohne dabei das Papier zu zerreißen (3).

Mit einem scharfen Messer können Sie sich die Haare am Unterarm rasieren.

Ein scharfes Messer krallt sich durch sein Eigengewicht in den Nackenhaaren fest. Mit dieser Technik kann man auch feststellen, ob die Klinge nur beinahe oder nur partiell scharf genug ist.

Die beiden letztgenannten Testmöglichkeiten sollten von Kindern nur unter Aufsicht eines Erwachsenen angewendet werden.

Verletzungsgefahren und Wundbehandlung

Die häufigsten Verletzungen mit dem Taschenmesser sind Schnitt- oder Stichverletzungen. Die Hand, die das Werkstück hält, kann durch einen Schnitz- oder Gartenhandschuh vorbeugend geschützt werden. Für kleine Schnittverletzungen, die immer mal passieren können, sollte ein kleines Erste-Hilfe-Set stets griffbereit sein.

Unfälle passieren, wenn …

– eine stumpfe Messerklinge benutzt wird. Beim stumpfen Messer ist der Kraftaufwand größer, was das Abrutschen oder Einklappen der Klinge begünstigt (siehe auch Sicherheitsregeln, Seite 40).
– die Lichtverhältnisse nicht ausreichend sind.
– unkonzentriert geschnitzt wird. Ein Messer, das verkehrt in die Hand genommen wird, kann einklappen und Schnittverletzungen verursachen.
– es sehr kalt ist. Mit tauben Fingern zu schnitzen, schränkt das nötige Feingefühl für ein kontrolliertes Führen der Klinge zu sehr ein.
– nicht genügend Pausen eingelegt werden. Schnitzen ist für Ungeübte eine anstrengende Tätigkeit. Dabei werden Muskelpartien beansprucht, die sonst kaum trainiert werden.

Einfache Schritte zur Behandlung von Wunden

– Bewahren Sie Ruhe und erklären Sie dem Kind, was Sie tun werden und dass es vielleicht ein bisschen weh tun wird.
– Säubern Sie wenn möglich die Wunde vorsichtig unter kaltem, fließendem Trinkwasser und wischen Sie sanft Verunreinigungen aus der Wunde. Wischen Sie dabei immer aus der Wunde heraus, nie in die Wunde hinein.
– Bedecken Sie die blutende Stelle mit einer Kompresse. Eine kleinere Wunde hört in der Regel schnell auf zu bluten. Wenn die Blutung nicht aufhört, drücken Sie die Kompresse sanft auf die Wunde, bis die Blutung stoppt.

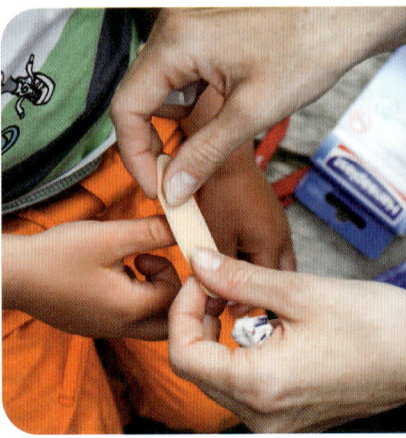

– Sollten sich Fremdkörper in der Wunde festgesetzt haben, versuchen Sie nicht, diese selbst zu entfernen. In diesem Fall ist ärztliche Hilfe notwendig.
– Lassen Sie die verletzte Stelle etwas abtrocknen. Tupfen Sie die Wunde mit Desinfektionsmittel ab. Decken Sie die Wunde mit einer nicht klebenden Kompresse ab, und fixieren Sie die Kompresse mit einem Verband oder verwenden Sie dafür ein Pflaster.
– Weisen Sie die Kinder darauf hin, die Wundkruste (den Schorf) nicht abzukratzen.

Wann muss ein Arzt aufgesucht werden?

Für die meisten kleineren Schnittwunden ist die Behandlung mit einem Erste-Hilfe-Set ausreichend. Aber was tun, wenn die Verletzung doch ernster zu sein scheint?

– Konsultieren Sie einen Arzt, wenn Sie nicht sicher sind, wie schwerwiegend die Verletzung ist, oder ob sie eventuell sogar genäht werden muss. Auch wenn das Kind weiterhin über Schmerzen klagt, ist eine genauere Abklärung geraten.

– Bei allen tieferen Wunden mit klaffenden Wundrändern und bei nicht stoppenden Blutungen sollten Sie sich an einen Arzt wenden.

– Auch bei Abschürfungen, in denen sich Verunreinigungen oder Fremdkörper festgesetzt haben, die sich nicht auswaschen lassen, sollten Sie zum Arzt gehen.

– Suchen Sie einen Arzt auf, wenn eine Verletzung am Kopf vorliegt oder wenn kein ausreichender Tetanusschutz mehr besteht.

Wundarten bei Verletzungen mit dem Taschenmesser

Schnittwunden haben in der Regel glatte Wundränder (1). Sie bluten häufig stark. Dadurch wird das Infektionsrisiko reduziert, da mit dem ausströmenden Blut eine Selbstreinigung der Wunde stattfindet. Verletzungen mit der Holzsäge sind aufgrund der ausgefransten Wundränder (2) anfälliger für Infektionen als glatte Schnitte. Bei solchen Verletzungen ist das Auswaschen und Desinfizieren der Wunde besonders wichtig.

Stichwunden (3) sind heimtückisch, da sich deren Länge, Richtung und Tiefe schwer abschätzen lässt. Stichwunden werden durch einen schmalen spitzen Gegenstand verursacht (z. B. mit der Ahle) und weisen äußerlich oft nur einen kleinen Wundbereich auf. Bei dem Verdacht auf eine tiefer liegende Verletzung ist eine medizinische Untersuchung notwendig, um Verletzungen tiefer gelegener Organe, Sehnen, Nerven oder Gefäße auszuschließen. Auch ist bei Stichwunden die Infektionsgefahr erhöht. Sie gehören deshalb in ärztliche Behandlung.

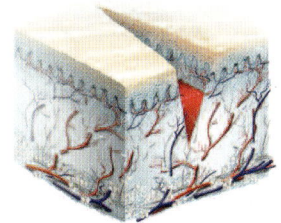

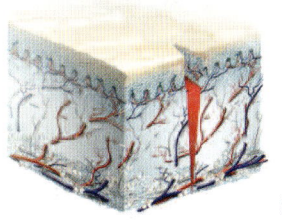

(Quelle: Hansaplast)

DANKESCHÖN

An der Entstehung dieses Buches waren viele Personen und Institutionen mit großem Engagement und Wohlwollen beteiligt. Mein Dank richtet sich an alle, die zum Gelingen dieses Buches beigetragen haben.

Der größte Dank gebührt meiner Frau Silvia, die es aushalten musste, dass ich phasenweise Tag und Nacht vor dem PC saß oder in anderer Form für das Buch arbeitete. Sogar im Urlaub war ich ständig damit beschäftigt, meine Projekte zu schnitzen und zu testen. Sie hielt mir stets den Rücken frei, damit ich arbeiten konnte, und unterstützte mich, wo es nur ging. Meine Frau ist der »VictorinoxSwissChamp« unter den Ehefrauen!

Urs Wyss und Carl Elsener von Victorinox, die mir von Anfang an großes Vertrauen entgegenbrachten und mit ihrer herzlichen und motivierenden Art zu einem angenehmen Arbeitsklima beitrugen. Victorinox finanzierte das Manuskript bis zur fertigen PDF-Datei. Danke!

Ein herzliches Dankeschön richtet sich auch an das Victorinox-Kundenservice-Team, das auf meine vielen Fragen stets kompetent und ausführlich antwortete.

Urs Hunziker und sein tolles Team vom AT Verlag für die angenehme Zusammenarbeit und das mir entgegengebrachte Vertrauen. Mein Dank richtet sich auch an Asta Machat für die konstruktive Zusammenarbeit beim Lektorat.

Sebastian Schweizer und Petra Meyer, Mitinitianten der ersten Stunde, für die tolle und lustige Zeit, die wir während unserer vielen tagelangen Fotosessions zusammen verbringen durften. Ohne euch und euren VW-Bus hätte ich dieses Projekt niemals in dieser Form realisieren können.

Wendelin Reinhardt für die textliche und strukturelle Unterstützung im Comic und im theoretischen Teil. (Danke Dimitri, dass du in dieser Zeit regelmäßig deinen Papatag mit mir geteilt hast!)

Mathias Suhner für seinen großartigen »Feuerwehreinsatz« bei der Überarbeitung des Projektteils.

(Foto-)Graf Daniel Ammann für die tolle Zeit auf der Baustelle mit den mittäglichen Fotoshootings auf seinen Ländereien. (www.ammann undsiebrecht.com)

Jonathan Nemet für den fantastischen Comic und die tolle Zusammenarbeit. (www.jonathanzeich.net)

Abdy Shamloo für die 3-D-Grafiken, die Unterstützung beim Erstellen der Internetkanäle und die lustigen Stunden in seiner 1-Zimmer-Baustelle. (www.as-art.ch)

Nicolas-»alles innen«-Stöckli für die Gestaltungsvorschläge und Lukas Stöckli für die schönen Fotos.

Remo Gugolz, Marcos Juanes und Marius Sammet, meine Projektpartner vom Erlebnisgarten Buchhorn (www.buchhorn.ch) – meine wichtigsten Ratgeber und Mitdenker in Sachen Technik, Projekte und Taschenmesserprüfung.

Konstantin Papageorgiou; Troubleshooter, Grafiker, PC-Supporter und Fotomodelllieferant in einer Person – so einen Freund braucht jeder Mensch.

Yvonne und Paulo, Leoni, Joelle, Lilli, Elena, Janis, Timo, Enea, Michele, Regina, Piranavan und den Kindern der beiden Schulklassen, die wir während der Taschenmesserprüfungen fotografieren durften.

Hartmut Rieck für die Inspirationen im Kapitel »Warum Schnitzen die Entwicklung fördert«. (www.natur-und-wildnis leben.de)

Freia de Bock für die Inspirationen im Kapitel »Mein erstes Taschenmesser«. (www.ene-mene-fit.de)

meine Familie für ihre motivierenden Feedbacks und ihre Unterstützung.

Daniel Münster für die Erlaubnis, Texte der Internetseite www.hansaplast.ch verwenden zu dürfen.

Juliana Donati (Pferd-Vitex AG) für die Erlaubnis der Verwendung der Grafik »Aufbau eines CBN-Schleifsteins«.

Sepp vom You-Tube-Kanal »Waldhandwerk« für die vielen Inspirationen und sein Feedback zum Manuskript.

Irene Steiner und Jonas Meier von der Pfadibewegung Schweiz für ihre wertvollen Feedbacks.

Fritz Hasse für die Bewegungsablauf-Grafik. (www.speerschleuder.de)

Roland Stieger für seine Inputs zum Rohrfeder«-Projekt. (www.schrift-art.ch)

Jaqueline Küpper, Schweizerisches Toxikologisches Informationszentrum, für die Beratung im Kapitel »Welche Hölzer eignen sich«.

Marius Tschirky für den Taschenmessersong und das ganze »Drumherum« und für seine iWeb-Lehrstunde.

Johannes Vogel für die Erlaubnis, das Video »Die Speerschleuder« verwenden zu dürfen. (www.vivalranger.com)

Markus Maggiori für die Erlaubnis zur Verwendung seines Chlefeli-Lehrvideos.

mein Team im Kinder- und Jugendheim Riederenholz, das mir für meine Projekte immer wieder Freiräume schuf, wenn's mal zeitlich eng wurde.

Autor

Felix Immler

Geboren 1974 in St. Gallen,
ausgebildeter Maschinen-
mechaniker, Sozialarbeiter und
Naturpädagoge. Vater von
drei Kindern. Seit 2014 arbeitet
er hauptberuflich als Taschen-
messerpädagoge bei Victorinox und bietet dort auch
Taschenmesser-Workshops für
Kinder und Erwachsene an.
Er betreibt den YouTube-Kanal
»Felix Immler«, für den er
regelmäßig Taschenmesser-,
Bushcraft- und Survivalvideos
produziert.

Informationen und
Kontaktadresse unter:

www.feliximmler.com

www.youtube.com/feliximmler

Internetseite zum Buch

Auf der Webseite
www.feliximmler.ch sind
verschiedene Unterlagen zum
Schnitzen herunterzuladen: der
Comic »Die Schnitz-Kids« zu
den Sicherheitsregeln, Arbeitsblätter zur Vorbereitung auf
die Taschenmesser-Prüfung,
vorgefertigte Diplome und ein
Taschenmesser-Song von
»Marius und die Jagdkapelle«.
Zudem enthält die Internetseite anschauliche Videos zur
Anwendung oder zur Herstellung einiger Taschenmesser-
projekte.

Schnitz it yourself
Neue Lieblingsprojekte mit dem
Taschenmesser

Werken mit dem Taschenmesser
Das kleine Handbuch für unterwegs

Outdoor mit dem Taschenmesser
63 Bushcraft-Projekte für Waldcamp
und unterwegs

Outdoor mit dem Taschenmesser
Das kleine Handbuch für unterwegs